JAVA ÜBUNGEN

Mehr als 80 erprobte Übungen
für das erste Semester
Programmieren in Java

von

Steffen Heinzl

Impressum © 2020 Steffen Heinzl

Corveyer Str. 14
36039 Fulda
E-Mail: steffen.heinzl (at) fhws.de

1. Auflage März 2020

Umschlagsgrafik von: Miriam Walter

ISBN der Printausgabe: 979-8-6237-4000-7

INHALT

MOTIVATION

Die Fähigkeit, Programme zu erstellen und damit selbstständig Probleme in den unterschiedlichsten Bereichen computergestützt lösen zu können, ist vielleicht die grundlegendste Kompetenz, die von einem Informatiker oder „Bindestrichinformatiker" (z. B. Wirtschaftsinformatiker, Ingenieurinformatiker, etc.) erwartet wird. Die Bereiche, in denen Programmierung eingesetzt werden kann, sind dabei extrem vielseitig – angefangen von einfachen Programmen, die einem den eigenen Alltag am Computer erleichtern, über Unternehmensanwendungen und Webanwendungen, Smartphone-Anwendungen, naturwissenschaftliche Simulationen, Programme zur Signal-, Audio- und Videoverarbeitung bis hin zu medizinischen Applikationen, Robotern und zur Erschaffung künstlicher Intelligenz.

Die Programmiersprache Java ist dabei eine sogenannte General Purpose Language, die für sehr viele Bereiche eingesetzt werden kann und dabei relativ leicht erlernbar ist. Stärken von Java sind die Betriebssystemunabhängigkeit und gute Lesbarkeit. Die Sprache ist vor allem für komplexe Anwendungen sehr gut geeignet, für Smartphone-Applikationen (Android) und für alle Anwendungen, die nicht auf unmittelbare Systemnähe/Hardwarenähe setzen.

Da Sie dieses Buch in den Händen halten, beschäftigen Sie sich voraussichtlich mit der Programmierung. Wenn Sie Programmieren lernen möchten, sind **Übungen** der mit Abstand wichtigste Teil und daher auch die Motivation für die Entstehung dieses Buchs. Vorlesungen, Lernvideos, Power-Point-Folien, Bücher, das Internet – alle diese Dinge können Ihren Lernprozess vereinfachen, aber nur durch das **eigenständige** Lösen von Problemstellungen können Sie die Programmierung erlernen.

Das Buch besteht aus über 80 Übungsaufgaben, die 13 Lektionen und einem Teil mit gemischten Aufgaben zugeordnet sind.

Die Aufgaben dienen der Vertiefung folgender Themen und sind darauf ausgerichtet, Programmieren an der Sprache Java zu erlernen:

- Installation/Erstes Programm (Hallo Welt)

- Elementare Sprachkonstrukte (Ausdrücke, primitive Variablen, Zuweisungen)

- Essenzielle Steueranweisungen (Bedingte Anweisungen, Verzweigungen, kopf- und fußgesteuerte Schleifen)

- Methoden, Rekursion, Arrays, komplexe Datentypen

- Einführung in die Objektorientierung, Klassen, Objekte, (Instanz-)Methoden, Sichtbarkeit

- Mehrdimensionale Arrays, Verhalten von Referenztypen, String-Methoden

- Datenstrukturen (einfach und doppelt verkettete Listen, Binärbäume, Traversierung)

- equals, toString

- DRY-Prinzip, Tell, don't ask-Prinzip

Die Übungen orientieren sich an einem Lehrkonzept, das in den letzten Jahren im Vorlesungs- und Übungsbetrieb an der Hochschule erprobt wurde. Am Anfang jeder Lektion steht ein kurzer Text, der beschreibt, auf welchen Sprachkonzepten und Inhalten die Aufgaben aufbauen. Die Inhalte können Sie sich nach Bedarf aus einer großen Anzahl verschiedener Java-Bücher anlesen. Daher war es auch nicht mein Fokus ein weiteres Java-Buch zu schreiben, das neben den anderen unzähligen Java-Büchern noch einmal alle Konzepte erklärt. Ein Angebot an weiteren Übungen jedoch ist ein häufig vorgetragener Wunsch meiner Studenten. Auch an anderen Hochschulen wurden bereits Übungen aus diesem Buch eingesetzt, so dass ich nun über dieses Buch die Übungen gerne teilen möchte.

Ein stark diskutierter Punkt in meinen Kursen sind übrigens immer die Zurverfügungstellung von Musterlösungen zu den Aufgaben. Ein Vorteil beim Erlernen der Programmierung ist, dass Sie Programme weitest gehend selbst darauf überprüfen können, ob sie das Geforderte tun. Sie brauchen das Programm nur häufiger auszuführen, um einen Eindruck zu erlangen, wie gut Ihr Programm läuft. Dieses Buch stellt daher keine Lösungen zur Verfügung – genauso wenig wie ich im Vorlesungs- und Übungsbetrieb Lösungen zur Verfügung stelle. Dies hat sogar noch weitere wohlüberlegte Gründe.

Während Lösungen den Vorteil haben, dass Sie ggf. sehen können, ob Sie eine Aufgabe genauso gelöst haben wie der Aufgabensteller, ist **der Weg dorthin** nicht unbedingt einfach zu besprechen. Oft gibt es viele Wege, die zu richtigen Lösungen einer Aufgabe führen, manche besser, manche ein wenig schlechter. Hier ist eine Diskussion angebracht – am besten mit einem Übungsleiter oder erfahrenem Programmierer. Durch diese Diskussion verbessern Sie sich am effektivsten.

Eine negative Seite von Lösungen ist, dass Sie Ihnen sehr wenig helfen, wenn Sie nicht selbst in der Lage sind, die Aufgaben zu lösen. Hier ist auch die Hilfe von einem Übungsleiter oder erfahrenem Programmierer sinnvoll, der Sie bei Ihrem Ansatz begleitet und eventuell Hinweise gibt, um die Aufgabe zu lösen. Das schwierigste am Bereitstellen von Lösungen ist nach meiner Erfahrung, dass viele Lernende nicht mit Lösungen umgehen können. Dies beinhaltet unter anderem, dass beim eigenen Lösen der Aufgabe immer wieder zwischendurch auf die Lösung gelugt wird. Sie gelangen damit zur Lösung, Sie haben das Gefühl die Lösung erarbeitet zu haben, aber bei einer ähnlichen Problemstellung werden Sie wiederum ohne Lösung nicht zum Ziel kommen. Der falsche Einsatz von Lösungen gaukelt Ihnen vor, bereits eigenständig Probleme lösen und formalisieren zu können, obwohl dies (noch) nicht der Fall ist. Daher sollten Sie auch beim Lösen der Aufgaben vorsichtig beim Gebrauch des Internets sein. Stellen Sie sicher, dass Sie die Sprachkonstrukte und Inhalte kennen, die Sie zur Lösung der Aufgabe brauchen, schlagen Sie aber keine Teillösungen zu den Aufgaben nach. Das Internet verwenden Sie im späteren Berufsalltag noch zur Genüge.

Dieses Buch richtet sich an Programmieranfänger (des ersten Semesters), die Übungen suchen, um das Programmieren in Java zu erlernen und zu festigen.

LEKTION 1

Um das erste Java-Programm zu starten, benötigen Sie Zugang zu einem Computer und sollten wissen, wie Sie auf Ihrem Computer Software installieren und einrichten. Insbesondere sollten Sie wissen (oder nachschlagen), wie Sie die **PATH** Variable auf Ihrem Computer modifizieren.

Weiterhin sollten Sie wissen, wie Sie auf Ihrem Rechner Kommandozeilen-/Terminalbefehle absetzen können. Es ist hilfreich, wenn Sie auf der Kommandozeile/dem Terminal navigieren können.

Abschließend sollten Sie sich darüber informiert haben,

- wie eine Hallo-Welt-Java-Applikation aussieht,

- was ein **Ausdruck** ist,

- was **Variablen** sind und

- wie eine **Zuweisung** funktioniert.

INSTALLATION VON JAVA UND ECLIPSE
AUFGABE 1.1

a) Laden Sie eine der beiden folgenden Java Development Kit (JDK) Distributionen als zip-Datei herunter:

- Open JDK von https://jdk.java.net/

- Oracle JDK von https://www.oracle.com/technet-work/java/javase/downloads/index.html

b) Entpacken Sie auf **Ihrem eigenen** Computer/Notebook das JDK in einen Ordner (bspw. C:\Tools), den Sie nicht wieder verschieben. **Ergänzen** Sie die Umgebungsvariable PATH um das bin-Verzeichnis der JDK Installation.

c) Rufen Sie ein Konsolen-/Terminalfenster auf, z. B. (unter Windows) Start -> Ausführen -> **cmd** und testen Sie die Befehle **javac** und **java**. Wenn beide Befehle ausgeführt wurden, haben Sie das JDK richtig konfiguriert.

d) Laden Sie die Entwicklungsumgebung **Eclipse IDE for Java Developers** (als zip-Package) von https://www.eclipse.org/down-loads/packages/ herunter.

e) Entpacken Sie das zip in einen Ordner (bspw. C:\Tools).

DAS ERSTE PROGRAMM (KONSOLE/TERMINAL)

AUFGABE 1.2

Erstellen Sie eine Datei namens Application.java, die bei Ausführung „Hello World" ausgibt. Übersetzen und starten Sie das Programm auf der **Konsole**! Dokumentieren Sie stichpunktartig die dazu notwendigen Schritte!

DAS ERSTE PROGRAMM (ECLIPSE)
AUFGABE 1.3

Erstellen Sie eine Datei namens Application.java, die bei Ausführung „Hello World" ausgibt. Übersetzen und starten Sie das Programm **mit Eclipse**! Dokumentieren Sie stichpunktartig die dazu notwendigen Schritte!

ERSTE BERECHNUNG
AUFGABE 1.4

Schreiben Sie ein Programm, welches folgenden Term korrekt berechnet und dessen Ergebnis ausgibt:

3 * (9 + 3) + 4 * 8

TAUSCH

AUFGABE 1.5

Gegeben sei folgendes Programm:

```java
public class Tausch
{
  public static void main(String[] args)
  {
    int x = 5;
    int y = 7;
    //Vor dem Tausch
    System.out.println(x);
    System.out.println(y);

    //Tausch



    //Nach dem Tausch
    System.out.println(x);
    System.out.println(y);
  }
}
```

Tauschen Sie die Inhalte der beiden Variablen! D. h.: Wenn vor dem Tausch **x** den Wert 5 hatte und **y** den Wert 7, dann soll **x** nach dem Tausch den Wert 7 haben und **y** den Wert 5. Führen Sie den Tausch so durch, dass der Tausch funktioniert, egal mit welchen Werten **x** und **y** initialisiert wurden.
Sie dürfen nur Code zwischen den beiden Kommentaren *//Tausch* **und** *//Nach dem Tausch* **hinzufügen!**

LEKTION 2

In den Übungsaufgaben dieser Lektion geht es um einfache Berechnungen mit verschiedenen Datentypen. Sie sollten bereits gut vertraut sein mit

- **Ausdrücken**

- **Variablen**

- **Zuweisungen**

- **arithmetischen Operatoren**

- **Standardausgabe**

Ferner sind Ihnen die Unterschiede zwischen den Datentypen `int`, `float` und **double** bekannt.

KREIS UND KUGEL
AUFGABE 2.1

Schreiben Sie ein Programm, das – bei gegebenen Radius r eines Kreises – die Kreisfläche (πr^2) und den Kreisumfang ($2\pi r$) berechnet und auf der Standardausgabe mit Hinweistext ausgibt.

Wie groß wäre das Volumen, falls es sich statt eines Kreises um eine Kugel handelte?

$$\text{Kugelvolumen: } V = \frac{4}{3}\pi r^3$$

Berechnen Sie das Volumen und geben Sie es aus! Sie können die Kreis- und die Kugelberechnungen im gleichen Programm stattfinden lassen.

PQ-FORMEL
AUFGABE 2.2

Zur Lösung quadratischer Gleichungen der Form $x^2 + px + q = 0$ wird die pq-Formel verwendet:

$$x_{1,2} = -\frac{p}{2} \pm \sqrt{\left(\frac{p}{2}\right)^2 - q}$$

Schreiben Sie ein Programm, das bei Angabe der Variablen **p** und **q** die beiden Lösungen für **x** ausrechnet! Achten Sie darauf, beim Test Ihres Programms darauf, dass Sie eine Belegung für **p** und **q** so wählen, dass unter der Wurzel kein negativer Wert steht.

Recherchieren Sie mit einer Suchmaschine, mit welchem Befehl in Java eine Wurzel gezogen werden kann.

UHRZEIT
AUFGABE 2.3

Schreiben Sie ein Programm, das die Variablen **stunden**, **minuten** und **sekunden** enthält. Initialisieren Sie die Variablen manuell mit der aktuellen Uhrzeit, d. h., wenn gerade 12:30 Uhr ist, weisen Sie der Variablen **stunden** 12, der Variable **minuten** 30 und der Variablen **sekunden** 0 zu.

a) Berechnen Sie die Anzahl der Sekunden seit Mitternacht und geben Sie diese aus!

b) Berechnen Sie die Anzahl der verbleibenden Sekunden für diesen Tag und geben Sie diese aus!

c) Berechnen Sie, wie viel Prozent des Tages schon vergangen sind und geben Sie das Ergebnis aus! Die Prozentangabe soll auf mehrere Nachkommastellen genau angegeben werden.

d) **(weiterführend)** Initialisieren Sie die Variablen mit der Systemzeit. Verwenden Sie **LocalTime.now()**. Recherchieren Sie, welche Methodenaufrufe Ihnen der Aufruf von **LocalTime.now()** zur Verfügung stellt.

LEKTION 3

Für die Übungsaufgaben dieser Lektion sollten Sie verstanden haben, wie unter Java die **Ein- und Ausgabe** funktioniert. Sie sind in der Lage mit Ihren Programmen mit dem Benutzer über Tastatureingaben zu interagieren.

Weiterhin haben Sie die erste Anweisung zur Steuerung des Programmablaufs (control flow), die sogenannte **if-Anweisung**, kennengelernt. Die **if**-Anweisung ermöglicht bedingte Anweisungen und Verzweigungen im Programm. Beides werden Sie in den folgenden Aufgaben benötigen.

Eng verbunden mit den if-Anweisungen haben Sie **Vergleichsoperatoren**, **Codeblöcke** und den Datentyp **boolean** kennengelernt.

Als weitere Datentypen haben Sie verstanden wie Einzelzeichen (**char**) und Zeichenfolgen (**String**) aufgebaut sind und kennen im Zusammenhang mit Zeichen den ASCII-Code. Sie wissen, wie man zwei Strings auf Gleichheit (mit **equals**) oder auf lexikographische Ordnung (mit **compareTo**) vergleicht.

Modulo
Aufgabe 3.1

a) Schreiben Sie ein Programm, welches vom Benutzer eine ganze Zahl einliest und mithilfe des Modulo-Operators überprüft, ob die eingelesene Zahl ganzzahlig durch 7 teilbar ist. Anschließend soll eine entsprechende Ausgabe auf der Standardausgabe erfolgen.

b) Was passiert,

- wenn der Modulo-Operator auf negative Operanden angewendet wird?

- wenn der Modulo-Operator auf Kommazahlen angewendet wird?

Ist das Ergebnis sinnvoll? Begründen Sie Ihre Antwort!

PIZZARECHNER
AUFGABE 3.2

Auf einer Pizzakarte werden Pizzen oft in unterschiedlichen Durchmessern (26cm, 28cm, 30cm) zu unterschiedlichen Preisen angeboten. Schreiben Sie ein Programm, das von zwei Pizzen jeweils den Durchmesser und den Preis einliest. Das Programm soll die Fläche der Pizza ausrechnen und daraufhin ausgeben, welche Pizza das bessere Größen-/Preisverhältnis hat.

Vorgehensweise: Belegen Sie zunächst die Variablen mit festen Werten und implementieren Sie die Berechnung und die Ausgabe. Wenn alles soweit läuft, fügen Sie das Einlesen der Werte hinzu. So müssen Sie nicht bei jedem Testlauf erneut die Werte eingeben.

EINZELZEICHEN
AUFGABE 3.3

Schreiben Sie ein Programm, das ein Einzelzeichen einliest.

Ist das Einzelzeichen

- ein Großbuchstabe, soll das Wort "Großbuchstabe" ausgegeben werden.

- eine hexadezimale Ziffer (d. h. '0' – '9', 'a' – 'f' oder 'A' – 'F'), dann soll „Hexadezimale Ziffer" ausgegeben werden.

- eine binäre Ziffer, dann soll „binäre Ziffer" ausgegeben werden.

- eine Ziffer im Oktalsystem, dann soll „oktale Ziffer" ausgegeben werden.

Fällt ein Einzelzeichen in mehrere Kategorien, sollen alle passenden Ausgaben erscheinen. Fällt ein Einzelzeichen in keine der Kategorien, soll die Ausgabe „Unbekannt" erfolgen.

WÜRFELWURF

AUFGABE 3.4

Der Befehl **Math.random** gibt eine zufällige double-Zahl zwischen 0 (inklusive) und 1 (exklusive) zurück.

Simulieren Sie den Wurf eines 6-seitigen Würfels. Wenn eine 1 gewürfelt wurde, soll der Text „Eins gewürfelt" ausgegeben werden, bei einer 2 „Zwei gewürfelt", etc.

MATRIKELNUMMER
AUFGABE 3.5

Schreiben Sie ein Programm, das überprüft, ob es sich bei einer eingegebenen Zahl um eine gültige Matrikelnummer handelt.

Eine gültige Matrikelnummer ist siebenstellig und beginnt je nach Studiengang mit 50xxxxx, 51xxxxx oder 61xxxxx. Auf den verbleibenden 5 Stellen können beliebige Ziffern stehen.

Das Ergebnis der Überprüfung wird durch einen aussagekräftigen Text auf der Standardausgabe angezeigt.

SCHALTJAHR
AUFGABE 3.6

Schreiben Sie ein Programm, das überprüft, ob es sich bei einer eingegebenen Jahreszahl um ein Schaltjahr handelt.

Eine Grundvoraussetzung für ein Schaltjahr ist:

- es muss ganzzahlig durch 4 teilbar sein

Hierbei sind folgende Ausnahmen zu berücksichtigen:

- es darf nicht ganzzahlig durch 100 teilbar sein

- falls es jedoch ganzzahlig durch 400 teilbar ist, handelt es sich um ein Schaltjahr

Das Ergebnis der Überprüfung soll mit einem aussagekräftigen Hinweistext auf der Standardausgabe angezeigt werden.

Beispiele:

- *2005* ist **kein** Schaltjahr, da nicht ganzzahlig durch 4 teilbar

- *2004* ist **ein** Schaltjahr, da ganzzahlig durch 4 teilbar

- *1900* ist **kein** Schaltjahr, da ganzzahlig durch 4 und 100 teilbar, aber nicht durch 400

- *2000* ist **ein** Schaltjahr, da ganzzahlig durch 4 und 100 teilbar, aber auch durch 400

GÜLTIGE UHRZEIT

AUFGABE 3.7

Eine gültige Uhrzeit liegt im Intervall 00:00:00 bis 23:59:59 (hh:mm:ss). Schreiben Sie ein Programm, welches drei ganzzahlige Werte von der Standardeingabe übergeben bekommt. Jeweils einen Wert für Stunden, Minuten und Sekunden.

Das Programm zeigt auf der Standardausgabe das Ergebnis der Überprüfung mit einem aussagekräftigen Text an.

WAHRHEITSTABELLE
AUFGABE 3.8

a) Schreiben Sie ein Programm, in dem zwei Einzelzeichen (Datentyp **char**) über die Standardeingabe eingelesen werden. Die zwei Zeichen repräsentieren bool'sche Werte: Zeichen 'f' für **false** und Zeichen 't' für **true**.

In Abhängigkeit von dieser Eingabe wird ein **int**-Wert mit Hinweistext auf der Standardausgabe angezeigt. Die Abhängigkeit ist der folgenden Tabelle zu entnehmen:

1. Zeichen	2. Zeichen	Ausgabewert
false	false	0
false	true	1
true	false	2
true	true	3

Wird keine gültige Kombination eingegeben, so wird eine aussagekräftige Fehlermeldung auf der Standardausgabe angezeigt.

b) **(optional)** Recherchieren Sie, wie Sie eine **RuntimeException** mit aussagekräftiger Fehlermeldung werfen.

LEKTION 4

Sie haben als Steuerungsanweisungen für den Programmablauf die ersten Schleifen kennengelernt: Eine Zählschleife, die sogenannte **for**-Schleife und eine einfache kopfgesteuerte Schleife, die sogenannte **while**-Schleife.

Bei den Schleifen kommen die **Bedingungen**, die schon bei den if-Anweisungen verwendet wurden, erneut zum Tragen.

Weiterhin kennen Sie die Kurzschreibweise **i++**, um die Variable i um eins zu erhöhen. Diese Kurzschreibweise wird sehr häufig im Zusammenhang mit **for**-Schleifen verwendet.

Sie haben ein erstes Verständnis von **mathematischen Reihen** entwickelt und die Ähnlichkeit zu einer Zählschleife verstanden.

COUNTDOWN
AUFGABE 4.1

a) Schreiben Sie ein Programm, das einen Countdown von 15 bis 0 herunterzählt und jeweils die verbleibende (Sekunden-)zahl ausgibt.

b) **(optional)** Wenn Sie einen echten Countdown implementieren wollen, müssen Sie sekündlich herunterzählen. Dies ist durch den Befehl **Thread.sleep(millis)** möglich. Er legt das Programm für **millis** Millisekunden schlafen, bevor die nächste Anweisung ausgeführt wird, erzwingt aber die Behandlung einer **InterruptedException**. Sie können bei dieser Aufgabe einfach die Exception ignorieren, indem Sie hinter dem Kopf der **main**-Methode **throws InterruptedException** ergänzen:

```
public static void main(String[] args)
  throws InterruptedException
{
  …
}
```

FREIER FALL
AUFGABE 4.2

Die zurückgelegte Strecke eines frei fallenden Körpers berechnet sich nach der Formel

$$s(t) = \frac{1}{2} g \cdot t^2$$

wobei *g* die Fallbeschleunigung $9.80665 m/s^2$ darstellt und *t* die vergangene Zeit in Sekunden.

a) Schreiben Sie ein Programm, welches die zurückgelegte Strecke im Sekundentakt, wie im Beispiel gezeigt, ausgibt. Die Falldauer soll **vom Benutzer eingegeben** werden.

Beispiel:

```
Bitte Falldauer in Sekunden eingeben:   8
Nach 1 Sekunden zurückgelegte Strecke: 4.903325 m
Nach 2 Sekunden zurückgelegte Strecke: 19.6133 m
....
Nach 8 Sekunden zurückgelegte Strecke: 313.8128 m
```

b) Modifizieren Sie das Programm, so dass nur für jede fünfte Sekunde eine Ausgabe erfolgt! Beginnen Sie bei der Ausgabe mit der ersten Sekunde, gefolgt von der sechsten Sekunde, ...

Hinweis: Wenn Sie eine Ausgabe wünschen, die sekündlich auf dem Bildschirm erscheint, verwenden Sie bitte **Thread.sleep(millis)** wie in der Countdown-Aufgabe.

Primzahlen
Aufgabe 4.3

a) Schreiben Sie ein Programm, welches für eine vom Benutzer eingegebene ganze Zahl ermittelt, ob diese eine Primzahl ist.

Beispiel 1:

```
Bitte zu untersuchende Zahl eingeben: 47
Untersuchte Zahl ist eine Primzahl!
```

Beispiel 2:

```
Bitte zu untersuchende Zahl eingeben: 51
Untersuchte Zahl ist keine Primzahl!
```

b) Modifizieren Sie ihr Programm so, dass für alle Zahlen bis zur eingegebenen Zahl überprüft wird, ob es sich um Primzahlen handelt.

Temperaturtabelle
Aufgabe 4.4

Schreiben Sie ein Programm namens Temperaturumwandlung, das eine Temperaturtabelle auf dem Bildschirm gemäß der Formel

$$\text{Grad Celsius} = \frac{5}{9} \cdot (\text{Grad Fahrenheit} - 32)$$

ausgibt. Die Temperaturtabelle soll in der ersten Spalte Temperaturwerte in Fahrenheit (als ganze Zahl von 0 Grad Fahrenheit bis 300 Grad Fahrenheit jeweils inklusive) enthalten und in der zweiten Spalte die entsprechenden Temperaturwerte in Celsius (vom Typ **float**) auf zwei Nachkommastellen abgeschnitten oder gerundet:

Beispiel:

```
Fahrenheit        Celsius
0                 -17.78
1                 -17.22
2                 -16.67
          . . .
299               148.33
300               148.89
```

Die Spalten sollen durch ein Tabulatorzeichen getrennt werden, ansonsten muss die Tabelle nicht formatiert sein.

Die Celsiuszahl kann auf zwei Nachkommastellen abgeschnitten oder gerundet sein. Recherchieren Sie, wie **String.format**, **System.out.printf** oder **Math.round** funktionieren, um die Rundung/das Abschneiden der Nachkommastellen vorzunehmen.

QUERPRODUKT
AUFGABE 4.5

Schreiben Sie mit diesen Hinweisen ein Programm namens Querprodukt, welches das „Querprodukt" einer **int**-Zahl berechnet und dieses mit einer Meldung am Bildschirm anzeigt. Das Einlesen der **int**-Zahl soll von der Standardeingabe solange wiederholt werden, bis sie gültig ist, d. h. zwischen 1 und einer Million (jeweils inklusive) liegt. Bei Eingabe einer ungültigen **int**-Zahl soll zusätzlich eine Fehlermeldung erscheinen und ein erneutes Einlesen erfolgen.

Beispiel:

```
Geben Sie bitte eine Zahl ein: -3
FEHLER - Zahl ist ungueltig.
Geben Sie bitte eine Zahl ein: 1348213
FEHLER - Zahl ist ungueltig.
Geben Sie bitte eine Zahl ein: 3225
Das Querprodukt der Zahl 3225 betraegt 60.
```

Hinweise:

Mathematisch erhalten Sie die letzte Stelle einer Zahl, indem Sie die Zahl modulo 10 nehmen.

Mathematisch schneiden Sie die letzte Stelle einer Zahl ab, indem Sie die Zahl ganzzahlig durch 10 teilen.

DAS KLEINE EINMALEINS
AUFGABE 4.6

Schreiben Sie ein Programm, welches das kleine 1x1 ausgibt.

Ausgabe:

```
1 x 1 = 1
1 x 2 = 2
1 x 3 = 3
...
2 x 1 = 2
2 x 2 = 4
2 x 3 = 6
...
10 x 8 = 80
10 x 9 = 90
10 x 10 = 100
```

Hinweis: Beginnen Sie damit, zunächst die ersten zehn Produkte mit Hilfe einer Schleife auszugeben, d.h. 1x1=1, 1x2=2, ... 1x9=9, 1x10=10.

LEKTION 5

Sie haben eine fußgesteuerte Schleife kennengelernt, die sogenannte **do-while**-Schleife. Sie wissen, dass Schleifen vorzeitig mit
break verlassen werden können.

Sie sind die ersten Male mit dem **DRY-Prinzip** (der Vermeidung von
doppelten Code) in Berührung gekommen und verstehen das
Schleifen und Variablen zur Vermeidung von doppelten Code bei-
tragen können.

Sie können mathematische Reihen – insofern diese berechenbar
sind – mit Schleifen berechnen.

Sie haben gesehen, dass es verschiedene Arten der Modellierung
des Programmablaufs gibt, insbesondere **Aktivitätsdiagramme** aus
der UML.

REIHENWERT-BERECHNUNG
AUFGABE 5.1

Gegeben sei die Reihe

$$a_k = 6 \cdot \sum_{k=1}^{\infty} \frac{1}{k^2}$$

a) Schreiben Sie die ersten fünf Glieder der Reihe auf Papier auf!

b) Schreiben Sie ein Programm, welches die Reihe berechnet und das Ergebnis bei jedem Schleifendurchlauf ausgibt. Brechen Sie die Berechnung ab, wenn die Änderung des Reihenwertes in einem Schleifendurchlauf kleiner als 10^{-5} ist.

c) Welche Auswirkungen hat es auf die Berechnung, wenn der Faktor 6 vor der Reihe steht bzw. in der Reihe steht?

POTENZ

AUFGABE 5.2

Schreiben Sie ein Programm, das die Potenz b^n berechnet und das Ergebnis auf der Standardausgabe anzeigt. Sowohl die Basis b, als auch der Exponent n werden über die Standardeingabe (b vom Typ **double**, n vom Typ **int**) eingelesen.

In Abhängigkeit vom Exponenten n gilt für b^n:

$$b^n := \begin{cases} \overbrace{b \cdot b \cdot \ldots \cdot b}^{n-mal} \text{, für } n > 0 \\ \qquad\qquad 1 \text{, für } n = 0 \\ \dfrac{1}{\underbrace{b \cdot b \cdot \ldots \cdot b}_{n-mal}} \text{, für } n < 0 \end{cases}$$

Wählen Sie einen geeigneten Schleifentyp (**while**, **for**, **do-while**) für die Implementierung!

Hinweis: Bei dieser Aufgabe dürfen die Klasse **Math** und deren Methoden <u>nicht</u> verwendet werden.

AKTIVITÄTSDIAGRAMM
AUFGABE 5.3

Modellieren Sie auf Papier oder mit einem Online-Tool (bspw. draw.io) mithilfe eines UML-Aktivitätsdiagramm Ihre Lösung für das Querprodukt!

QUADRATWURZELBERECHNUNG
AUFGABE 5.4

Die Quadratwurzel kann nach folgendem Verfahren berechnet werden:

$$\sqrt{x} = y_{ges}, \text{ wobei } x, y_{ges} \in \mathbb{R}^+\backslash\{0\}$$

$$\Leftrightarrow \quad x = y_{ges} \cdot y_{ges}, \text{ da } x, y_{ges} > 0$$

$$\Leftrightarrow \frac{x}{y_{ges}} = y_{ges}$$

Setzt man einen Näherungswert y_i für y_{ges} mit $y_i < y_{ges}$ ein, gilt:

$$\text{Aus } y_i < y_{ges} \Rightarrow \frac{x}{y_i} = \frac{y_{ges} \cdot y_{ges}}{y_i} = \underbrace{\frac{y_{ges}}{y_i}}_{>1} y_{ges} > y_{ges}$$

D. h. $y_i < y_{ges} \Rightarrow \frac{x}{y_i} > y_{ges}$

$$\Rightarrow y_{i+1} = \frac{y_i + \frac{x}{y_i}}{2} \text{ liegt näher an } y_{ges}$$

a) Schreiben Sie ein Programm, das die Quadratwurzel berechnet und nutzen Sie die eben hergeleitete Formel:

$$y_{i+1} = \frac{y_i + \dfrac{x}{y_i}}{2}$$

b) Vergleichen Sie die Genauigkeit Ihres Verfahrens nach 10, 100, 1000 und 10000 Durchläufen mit dem Ergebnis der Methode **Math.sqrt**.

Wählen Sie einen geeigneten Schleifentyp (**while, for, do-while**) für die Implementierung!

Π-RECHTECKNÄHERUNG
AUFGABE 5.5

Mit der Formel πr^2 ist es möglich die Fläche eines Kreises zu berechnen. Aber wie kommt man eigentlich auf die Zahl π? Wenn wir den Kreis mit Rechtecken füllen, ist es möglich sich über die einfache Flächenberechnung vieler Rechtecke der Zahl π zu nähern.

Wir beginnen zunächst mit einem Rechteck und versuchen die Fläche eines Viertelkreises mit Radius eins zu bestimmen:

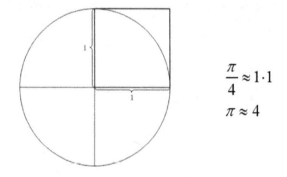

$$\frac{\pi}{4} \approx 1 \cdot 1$$

$$\pi \approx 4$$

In erster Näherung hat unser Kreisviertel die Fläche 1 und π den Wert 4.

Als nächstes versuchen wir eine Näherung mit 2 Rechtecken:

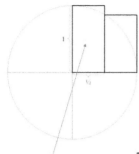

Fläche linkes Rechteck $= 1 \cdot \dfrac{1}{2}$

Die Fläche des rechten Rechtecks können wir über den Satz des Pythagoras berechnen.

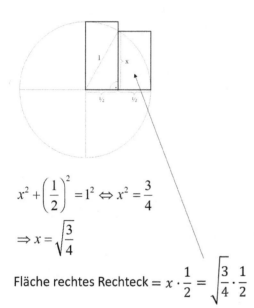

$$x^2 + \left(\frac{1}{2}\right)^2 = 1^2 \Leftrightarrow x^2 = \frac{3}{4}$$

$$\Rightarrow x = \sqrt{\frac{3}{4}}$$

Fläche rechtes Rechteck $= x \cdot \dfrac{1}{2} = \sqrt{\dfrac{3}{4}} \cdot \dfrac{1}{2}$

Zusammen ergibt sich dann folgende Fläche:

$$\frac{\pi}{4} \approx \frac{1}{2} + x \cdot \frac{1}{2} = \frac{1}{2} + \sqrt{\frac{3}{4}} \cdot \frac{1}{2} \approx 0,93301$$

$$\pi \approx 3,73205$$

a) Berechnen Sie auf Papier eine Näherung für π mit vier Rechtecken.

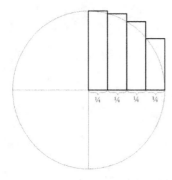

b) Schreiben Sie ein Programm, das die Zahl π mittels obiger Rechtecknäherung annähert. Der Benutzer soll die Anzahl der zu verwendenden Rechtecke eingeben können.

Wählen Sie einen geeigneten Schleifentyp (**while**, **for**, **dowhile**) für die Implementierung!

LEKTION 6

Methoden werden als Strukturierungsmerkmal für Programme eingesetzt und dienen ebenfalls der Verhinderung von doppeltem Code.

Sie wissen wie Methoden aufgebaut sind (Methodenname, Parameter, Rückgabetyp, Rückgabewert).

Weiterhin haben Sie **Rekursionen** (Methoden, die sich selbst erneut aufrufen) kennengelernt, sowie **mathematische induktive (rekursive) Definitionen**, die gut durch Rekursionen umgesetzt werden können.

Runden
Aufgabe 6.1

a) Schreiben Sie eine Methode, die eine übergebene Zahl auf- oder abrundet.

Beispiele:

3,2 wird auf 3 abgerundet
3,5 auf 4 aufgerundet

b) Schreiben Sie eine weitere Methode, welche eine übergebene Zahl auf eine bestimmte Anzahl Nachkommastellen rundet. Die Anzahl der Nachkommastellen soll anhand eines zusätzlich übergebenen Parameters bestimmt werden können.

Hinweis: Die Verwendung sämtlicher Methoden aus der Klasse **Math** ist untersagt!

FAKULTÄT MIT SCHLEIFE
AUFGABE 6.2

Schreiben Sie eine Methode, welche die Fakultät mit Hilfe einer Schleife berechnet. Testen Sie die Methode, indem Sie ein Programm schreiben, das vom Benutzer eine Zahl einliest und mit dieser Zahl Ihre Fakultätsmethode aufruft.

Welche Möglichkeiten haben Sie mit größeren Zahlen umzugehen?

Dreieck
Aufgabe 6.3

Schreiben Sie eine Methode, die ein Dreieck aus Sternen ausgibt. Die Methode soll ein Argument entgegennehmen, das festlegt, wie viele Zeilen ausgegeben werden sollen. In der rechten Abbildung sehen Sie eine Beispielausgabe für 5 Zeilen. Beachten Sie bitte, dass zwischen den einzelnen Sternen ein Leerzeichen ausgegeben wird.

Hinweis: Versuchen Sie zunächst das Dreieck in der linken Abbildung auszugeben. Passen Sie dann Ihr Programm so an, dass das Dreieck auf der rechten Seite herauskommt!

Primzahlen (Refactoring)
Aufgabe 6.4

Schreiben Sie eine Methode, die überprüft, ob es sich bei einer übergebenen Zahl um eine Primzahl handelt. Die Methode soll **true** zurückgeben, falls es sich bei der übergebenen Zahl um eine Primzahl handelt, ansonsten **false**.

Modifizieren Sie Ihr Primzahl-Programm so, dass die von Ihnen geschriebene Methode verwendet wird, anstatt die Primzahlberechnung direkt in der main-Methode vorzunehmen.

REKURSION
AUFGABE 6.5

Schreiben Sie eine Methode, die x^n rekursiv berechnet! Testen Sie ihre Methode, indem vom Anwender Basis und Exponenten eingeben lassen. Anschließend soll Ihre Methode mit diesen Werten aufgerufen und das Ergebnis auf der Standardausgabe angezeigt werden.

Hinweis: Machen Sie sich hierbei die mathematische Definition der Potenz zunutze:

$$x^0 := 1, x^{n+1} := x^n \cdot x, \text{ wobei } x \, \epsilon \, \mathbb{R}, n \, \epsilon \, \mathbb{N}$$

SPRÜNGE
AUFGABE 6.6

Schreiben Sie eine Methode **springeMitMehrerenSprungwei-ten**, die als Parameter eine Distanz (in Meter) und zwei Sprungweiten (in Meter) übergeben bekommt. Die Methode soll die verschiedenen Möglichkeiten auflisten, in der die Distanz durch die beiden unterschiedlichen Sprungweiten zurückgelegt werden kann.

Beispiel 1:

Der Aufruf **springeMitMehrerenSprungweiten(4,1,2)** hat folgende Ausgabe:

```
1 1 1 1
1 1 2
1 2 1
2 1 1
2 2
```

LEKTION 7

Sie haben als weitere Steuerungsanweisung die **switch**-Anweisung kennengelernt.

Um doppelten Code zu vermeiden, können auch Variablen, die gleichartige Informationen widerspiegeln, zusammen in einem **Array/Feld** gruppiert werden.

Sie haben gelernt, wie Arrays deklariert werden und wie auf Arrays zugegriffen wird.

Sie haben die Funktionsweise des **MinSort** als einfaches Sortierverfahren kennengelernt.

SINUSBERECHNUNG
AUFGABE 7.1

Der Sinus kann durch folgende Reihe berechnet werden:

$$\sin(x) = \sum_{k=0}^{\infty} (-1)^k \frac{x^{2k+1}}{(2k+1)!}$$

a) Schreiben Sie zunächst die ersten fünf Glieder der Summe auf Papier auf!

b) Schreiben Sie eine Methode, die den Sinus berechnet.

c) Testen Sie Ihre Methode, indem vom Anwender der Wert x abgefragt und eingegeben wird. Anschließend wird die Methode aufgerufen und das Ergebnis auf der Standardausgabe angezeigt.

Hinweis: Die Verwendung der trigonometrischen Funktionen aus der Klasse **Math** aus der Java-Bibliothek ist untersagt!

Arithmetisches Mittel, Standardab-weichung

Aufgabe 7.2

In der Statistik gibt es wichtige Größen zur Beurteilung von Messreihen. Die beiden vielleicht bedeutendsten Größen sind der **Mittelwert (arithmetisches Mittel)** und die **Standardabweichung**.

Das arithmetische Mittel wird durch folgende Formel bestimmt:

$$\overline{x} = \frac{1}{n} \sum_{i=1}^{n} x_i$$

Beispiel:

Der Notenspiegel von 15 Schülern sieht wie folgt aus:

Note	1	2	3	4	5
Anzahl Schüler	2	3	5	2	3

Das arithmetische Mittel (d. h. die Durchschnittsnote) berechnet sich wie folgt:

$$\frac{2 \cdot 1 + 3 \cdot 2 + 5 \cdot 3 + 2 \cdot 4 + 3 \cdot 5}{15} \approx 3,07$$

Die Standardabweichung s' ist ein Maß für die Streuung um den Mittelwert und berechnet sich wie folgt:

$$s' = \sqrt{\frac{1}{n} \sum_{i=1}^{n} (x_i - \overline{x})^2}$$

Ein **Testszenario** für die Aufgaben könnte wie folgt aussehen:

Sie spielen Golf und üben den ersten Abschlag. Nach 10 Abschlägen messen Sie, wie nah die Bälle am Loch liegen und bekommen folgendes Ergebnis:
12m, 15m, 22m, 25m, 50m, 57m, 60m, 75m, 80m, 114m

Schreiben Sie ein Programm, das eine Messreihe (d. h. eine beliebige Anzahl von Fließkommazahlen) einliest, die vom Anwender eingegeben werden. Die Anzahl der einzugebenden Werte ist zu Beginn vom Benutzer einzugeben und muss größer als 0 sein. Ansonsten terminiert das Programm mit einer Fehlermeldung.
Nachdem der Nutzer alle Werte eingegeben hat, sollen das arithmetische Mittel der eingegebenen Zahlen, sowie der kleinste (Minimum) als auch der größte Wert (Maximum) bestimmt werden.

Ihre Ausgabe soll bspw. folgendermaßen aussehen:

Anzahl der einzulesenden Werte: 5
1. Wert: 3,14
2. Wert: 2,67
3. Wert: 6,71
4. Wert: 1,45
5. Wert: 5,23
Kleinster Wert: 1.45
Groesster Wert: 6.71
Arithmetischer Mittelwert: 3.84

Testen Sie ihr Programm mit den Werten aus obigem Szenario.

Ergänzen Sie Ihr Programm um die Berechnung der Standardabweichung. Testen Sie Ihr Programm erneut mit der Messreihe aus obigem Szenario.

Umwandlung in Großbuchstaben
Aufgabe 7.3

Schreiben Sie eine Methode **inGrossbuchstaben**, die ein **char**-Array entgegennimmt. Die Methode soll alle Kleinbuchstaben in dem **char**-Array in Großbuchstaben umwandeln und zurückgeben. Alle anderen Zeichen sollen unverändert bleiben.

Hinweis: Nehmen Sie den ASCII-Code/Unicode zu Hilfe.

B-Sprachen-Spiel
Aufgabe 7.4

Kinder spielen gerne das B-Sprachen-Spiel. Die B-Sprache funktioniert so, dass an jeden Vokal (a,e,i,o,u) eines Wortes ein b plus die Wiederholung des Vokals angefügt wird.

Schreiben Sie eine Methode namens **spielen**, die ein normales Wort entgegennimmt (Parameterdatentyp: String) und in ein Wort der B-Sprache übersetzt und dieses zurückgibt.

Beispiel:

```
spiel mit mir
spibiebel mibit mibir
```

Hinweis: Verwenden Sie zur Lösung der Aufgabe keine Methoden der Klasse **String** außer **toCharArray** und **String.valueOf**!

Vorgehensweise:

- Wandeln Sie den an die Methode übergebenen String mit **toCharArray** in ein **char**-Array um!

- Ermitteln Sie, wie lang der zurückzugebende String sein muss und erzeugen Sie ein neues **char**-Array der entsprechenden Länge. Speichern Sie in diesem **char**-Array das Wort der B-Sprache.

- Wandeln Sie das neue **char**-Array mit **String.valueOf** zurück in einen String um und geben Sie diesen zurück.

EURO-STÜCK
AUFGABE 7.5

In Ihrem Büro steht ein Schreibtisch, in dem sich mit 50% Wahrscheinlichkeit eine 1 Euro-Münze befindet. Dieser Schreibtisch hat drei Schubladen. Wenn sich der Euro in diesem Schreibtisch befindet, dann befindet er sich mit je gleicher Wahrscheinlichkeit in einer der Schubladen. Wie groß ist die Wahrscheinlichkeit dafür, dass sich der Euro in der dritten Schublade befindet, wenn in der ersten und zweiten Schublade bereits vergeblich nach ihm gesucht wurde?

a) **(optional)** Überlegen Sie sich mathematisch (bspw. mit bedingten Wahrscheinlichkeiten), wie groß die Wahrscheinlichkeit ist.

b) Schreiben Sie ein Programm, dass obigen Ablauf genau simuliert und bestimmen Sie die Wahrscheinlichkeit näherungsweise mit 1.000.000 Durchläufen ihrer Simulation.

LOTTOZIEHUNG
AUFGABE 7.6

Schreiben Sie ein Programm, das die Ziehung der Lottozahlen (6 aus 49) simuliert, die Zahlen in einem Feld ablegt und anschließend die gezogenen Lottozahlen nach dem **MinSort**-Verfahren sortiert. Stellen Sie sicher, dass keine doppelten Lottozahlen vorliegen. Die sortierten Lottozahlen sollen anschließend ausgegeben werden.

LEKTION 8

Zu allen primitiven Datentypen gibt es auch zugehörige Klassen, die über statische Methoden verfügen. Sie haben die Methode **valueOf** kennengelernt, die es unter anderem erlaubt, Strings in andere Datentypen umzuwandeln. Sie haben das **Autoboxing und Unboxing** verstanden, durch welches der Compiler eine Zuweisung von primitiven Datentyp und Objekt der dazugehörigen Klasse und umgekehrt erlaubt.

Sie haben die Stringmethoden **toCharArray**, **length**, **replace**, **indexOf**, **substring**, **compareTo**, **indexOf**, **toLowerCase**, **toUpperCase**, **equalsIgnoreCase** und **contains** kennengelernt.

Sie wissen, wie sie auf an ein **Programm übergebene Argumente** zugreifen.

Sie haben die Grundzüge der **Modellierung** in der Objektorientierung verstanden.

Sie wissen,

- was ein **komplexer Datentyp** ist.

- was die **Attribute/Felder** im Zusammenhang mit einer Klasse sind.

- wie sie **Objekte** einer Klasse **erstellen**.

- wie sie über eine Referenz auf die Attribute Ihrer erstellten Objekte zugreifen.

GALGENMÄNNCHEN
AUFGABE 8.1

Entwickeln Sie das Spiel Galgenmännchen. Der Benutzer soll eines von 20 im Programm vordefinierten Wörtern als Unterstriche angezeigt bekommen.

Beispiel:
Im Programm wurde das Wort „PROGRAMMIERSPRACHE" ausgewählt. Der Benutzer bekommt folgende Anzeige

1. Versuch: _ _ _ _ _ _ _ _ _ _ _ _ _ _ _ _ _ _

und darf jetzt einen Buchstaben eingeben. Groß- und Kleinschreibung soll nicht unterschieden werden. Bei jeder Eingabe wird die Anzahl der Versuche hochgezählt. Wenn er also ein **z** eingibt, erfolgt folgende Ausgabe:

2. Versuch: _ _ _ _ _ _ _ _ _ _ _ _ _ _ _ _ _ _

Gibt er einen Buchstaben ein, der im Wort vorhanden ist, wird jedes Vorkommen des Buchstabens angezeigt. Gibt bspw. der Benutzer ein **m** ein:

3. Versuch: _ _ _ _ _ _ M M _ _ _ _ _ _ _ _ _

Nach dem 15. Versuch oder wenn das Wort komplett erraten wurde, sollen keine weiteren Eingaben erfolgen und das Programm mit einer entsprechenden Ausgabe beenden.

PARAMETERÜBERGABE ÜBER DIE KOMMANDOZEILE

AUFGABE 8.2

Schreiben Sie ein Programm, dem bei Programmstart zwei Zahlen auf der Kommandozeile/dem Terminal als Argumente übergeben werden. Die Zahlen sollen dann miteinander multipliziert werden und das Ergebnis ausgegeben werden. Überprüfen Sie, ob genau zwei Argumente bei Programmstart mitgegeben werden, ansonsten soll eine aussagekräftige Fehlermeldung angezeigt werden.

EINFACHER RECHNER
AUFGABE 8.3

Schreiben Sie ein Programm, dass beliebig viele Zahlen als **Programmparameter** übergeben bekommen kann. Zusätzlich wird als letztes Zeichen ein „+" oder „-" übergeben. Führen Sie eine Addition bzw. eine Subtraktion auf alle übergebenen Zahlen aus und geben Sie das Ergebnis aus. Bei einer Subtraktion soll **von** der ersten Zahl subtrahiert werden.

Sie können davon ausgehen, dass immer mindestens zwei Zahlen übergeben werden und dass nur die Operatoren + und - übergeben werden.

Beispiel:

```
java Parameteruebergabe 1 2 3 +
6

java Parameteruebergabe 10 2 3 -
5
```

STRINGMETHODEN
AUFGABE 8.4

Stellen Sie sich vor, Sie haben eine Wikipedia-Webseite herunterge-laden und den **body** in einer **String**-Variablen gespeichert.

Der String könnte dann folgendermaßen aussehen:

```
String seite = "<body id=\"www-wikipedia-org\">"
   + "<div class=\"central-textlogo\">"
   + "<img src=\"https://upload.wikimedia.org/"
   + "wikipedia/commons/thumb"
   + "/b/bb/Wikipedia_wordmark.svg/"
   + "174px-Wikipedia_wordmark.svg.png\">"
   + "</div>"
   + "</body>";
```

In untenstehenden Programm ist der String bereits eingefügt. Schneiden Sie mit Hilfe von String-Methoden die URL des Bildes (den Wert des Attributs **src** des Elements **img**) heraus. Schauen Sie sich dazu die String-Methoden **indexOf** und **substring** an!

Wenn Sie die URL richtig ausgeschnitten haben, lädt das Programm das Bild in den Ordner, aus dem es gestartet wurde.

Aus Eclipse heraus gestartet, landet das Bild in Ihrem Eclipse-Pro-jekt. Aktualisieren Sie Ihr Projekt (rechte Maustaste auf das Projekt und Refresh), damit Sie die neue Datei sehen.

```
import java.awt.image.BufferedImage;
import java.io.File;
import java.io.IOException;
import java.net.URL;
import javax.imageio.ImageIO;
```

```java
public class SaveImageFromURL
{

 public static void main(String[] args)
   throws IOException
 {

  String s = "<body id=\"www-wikipedia-org\">"
    + "<div class=\"central-textlogo\">"
    + "<img src=\"https://upload.wikimedia.org/"
    + "wikipedia/commons/thumb"
    + "/b/bb/Wikipedia_wordmark.svg/"
    + "174px-Wikipedia_wordmark.svg.png\">"
    + "</div>"
    + "</body>";

  <ihren Ausschneide-Code hier einfügen>
  String downloadUrl = <ihre ausgeschnittene URL>

  URL url = new URL(downloadUrl);
  BufferedImage image = ImageIO.read(url);
  ImageIO.write(image, "png",
    new File("bild.png"));
 }
}
```

AUTO

AUFGABE 8.5

Schreiben Sie eine Klasse **Auto**, die folgende Eigenschaften aus der Realität abbildet:

- Marke
- Hubraum
- Farbe
- weitere Merkmale, die Sie als wichtig erachten.

Schreiben Sie weiterhin eine Klasse, in der Sie Ihre drei Lieblingsautos anlegen, d. h. erstellen Sie drei Instanzen/Objekte der Klasse **Auto** und setzen Sie deren Attribute sinnvoll.

Ermitteln Sie das Auto mit dem größten Hubraum von den dreien (ohne das Wissen welches Sie aus der Erstellung der Objekte besitzen), und geben Sie die Daten dieses Autos auf der Standardausgabe aus!

LEKTION 9

Klassen dienen als Bauplan, von dem Objekte erstellt werden können. Klassen verfügen nicht nur über Attribute, sondern auch über eigene Methoden, die auf den Zustand des Objekts zugreifen und modifizieren können.

In den Aufgaben dieser Lektion geht es viel darum, mit Klassen und Objekten besser vertraut zu werden, Objekte anzulegen, mit Werten zu belegen, etc.

Sie wissen,

- was eine **Klasse** ist und welchen Zweck sie erfüllt.

- dass eine Klasse **eigene (Instanz-)Methoden** haben kann.

- wie sie einen **lesenden** und **schreibenden** Zugriff über Methoden auf Attribute realisieren

- wie **getter-** und **setter**-Methoden aufgebaut sind

- wie **Konstruktoren** funktionieren.

Sie kennen die Modifier **private** und **public**.

Sie haben die **this**-Referenz kennengelernt.

GETUNTES AUTO
AUFGABE 9.1

Ergänzen Sie Ihre vorherige Klasse **Auto** um einen Konstruktor, der es erlaubt, alle Attribute direkt bei der Erstellung des Objekts mitanzugeben.

Schreiben Sie eine Methode **setHubraum(int ccm)**, die es erlaubt von einer anderen Klasse aus, den Hubraum zu überschreiben.

Stellen Sie sowohl im Konstruktor als auch in der Methode **setHubraum(int ccm)** sicher, dass der übergebene Hubraum gültig (d. h. größer als 0) ist.

Im Konstruktor soll im ungültigen Fall der Hubraum auf 1600 gesetzt werden.

In der Methode **setHubraum(int ccm)** soll im ungültigen Fall der bisherige Wert nicht verändert werden.

Pizza
Aufgabe 9.2

Erstellen Sie eine Klasse **Pizza**. Jede Pizza soll über einen mit Namen verfügen sowie mehrere **beliebige** Durchmesser-Preis-Kombinationen haben können.

Erstellen Sie einen dazu passenden Konstruktor.

Schreiben Sie eine weitere Klasse, in der 5 Pizzen angelegt werden!

Raumbelegung
Aufgabe 9.3

Schreiben Sie eine Klasse **Raum**. Ein Raum hat eine Kennung, die ihn identifiziert (z. B. I2.1) und kann eine maximale Anzahl an Studenten für eine Vorlesung beherbergen. Ferner soll ein Raum (für eine Vorlesung/Übung) belegbar sein und darüber Auskunft geben können, ob er gerade belegt ist oder nicht.

Schreiben Sie eine **main**-Methode, die zwei Räume anlegt, den Raum I2.1 (z. B. 30) und den Raum I2.15 (z. B. 20), mit der jeweils maximalen Zahl der Studenten, die in den Raum passen.

Danach soll abgefragt werden, ob die Räume belegt sind. Da die Räume eben erst erstellt worden sind, sind diese noch nicht belegt und geben entsprechend Auskunft.

Im nächsten Schritt soll der Raum I2.1 belegt werden.

Abschließend werden nochmals beide Räume befragt, ob sie belegt sind.

Setzen Sie bei der Aufgabe das Prinzip des **Information Hiding** um, d. h. bieten Sie nur für diejenigen Attribute **getter**- und **setter**-Methoden an, für die diese auch benötigt werden.

LEKTION 10

Klassen können über **Attribute** und zugehörige **Methoden** verfügen. Die Methoden der Klasse greifen auf die Attribute zu. Somit entsteht eine **Kapselung** zwischen der Logik und den dazugehörigen Daten.

Für die Aufgaben dieser Lektion haben Sie das **Tell, don't ask**-Prinzip verstanden.

Sie haben die **null**-Referenz kennengelernt.

Sie wissen, wann und wie Variablen mit Standardwerten automatisch initialisiert werden.

Raumbelegung 2
Aufgabe 10.1

An einer Hochschule, die in dieser Aufgabe nicht genannt werden möchte, sind alle Studierenden mit einer Chipkarte ausgerüstet, die es zu jeder Zeit erlaubt, den Studierenden zu orten. Diese Information soll benutzt werden, um festzustellen, welche Studenten zu einem bestimmten Zeitpunkt in einem Raum sind.

Implementieren Sie eine Klasse **Raum** so, dass er **Studenten** erfassen kann und zwar maximal gemäß seiner Kapazität. Immer wenn ein Student einen Raum betritt, soll der Raum den Studenten abspeichern. Wenn der Student den Raum verlässt, soll er den Studenten wieder entfernen.

Vorgehensweise: Ergänzen Sie im Raum als Attribut ein Array von Studenten. Erweitern Sie den Raum, um eine Methode **betreteRaum** und übergeben Sie beim Aufruf der Methode den Studenten, der den Raum betritt und speichern Sie ihn im Array. Gehen Sie analog für eine Methode **verlasseRaum** vor.

Schreiben Sie ein (Test-)Programm, das den Raum mit Studenten belegt, alle Studenten, die zum Zeitpunkt der Abfrage im Raum sind, ausgibt und dann die Studenten wieder den Raum verlassen lässt.

WELTUHR
AUFGABE 10.2

Schreiben Sie eine Klasse namens **Uhr**, die die Uhrzeit ((24-)Stunden, Minuten, Sekunden) verwaltet und folgenden Konstruktor sowie folgende Methoden enthält:

- **`Uhr(int std, int min, int sek)`**
Setzt die Uhrzeit auf die angegebenen Parameter. Falls mind. einer der Parameter ungültig ist, soll die Uhrzeit auf genau 12:00:00 gesetzt werden.

- **`int getStd()`**
Liefert die Stunden der Uhrzeit zurück.

- **`int getMin()`**
Liefert die Minuten der Uhrzeit zurück.

- **`int getSek()`**
Liefert die Sekunden der Uhrzeit zurück.

- **`void setUhr(int std, int min, int sek)`**
Setzt die Uhrzeit auf die angegebenen Parameter. Falls mind. einer der Parameter ungültig ist, soll eine Fehlermeldung ausgegeben werden und die original Uhrzeit unverändert bleiben.

- **`void naechsteSek()`**
Zählt die Uhrzeit um 1 Sekunde hoch. Beachten Sie hierbei, dass Sie bei Erreichen von 60 Sekunden, eine Minute hochzählen müssen, und bei Erreichen von 60 Minuten, eine Stunde.

Vereinbaren Sie in einer main-Methode ein Feld **weltzeit** für 24 verschiedene Uhren. Erzeugen Sie **anschließend** als eigenständige

Anweisung(en) 24 verschiedene Uhren für dieses Feld und initialisieren Sie die erste Uhr im Feld mit der Uhrzeit 0:23:07, die zweite Uhr mit 1:23:07, usw. bis 23:23:07.

Ergänzen Sie die main-Methode um die Anweisungen die nötig sind um im Feld **weltzeit** jede der 24 Uhrzeiten um 1 Sekunde hoch zu zählen.

PRODUKTIONSZÄHLER
AUFGABE 10.3

Sie sollen einen Produktionszähler für eine Autofabrik entwerfen. Jedes Mal, wenn ein Auto produziert wird, soll der aktuelle Zählerstand ausgegeben werden.
In dieser Aufgabe gibt es zwei Möglichkeiten, um den Produktionszähler zu realisieren.

a) static-Lösung:

Erweitern Sie die Klasse **Auto** aus der vorherigen Lektion um eine static-Variable, mit deren Hilfe die Anzahl der produzierten Autos gezählt wird.

b) nicht-static Lösung:

Schreiben Sie eine Klasse **AutoFabrik**, die über eine Methode **produziere** verfügt. Die **produziere**-Methode kümmert sich um das Anlegen neuer Autos und um die Verwaltung des Zählers sowie um die Ausgabe.

LEKTION 11

Sie haben **mehrdimensionale Arrays** kennengelernt.

Sie wissen, was **überladene Methoden** sind.

Sie haben die **RuntimeException** kennengelernt und wissen, wie man Sie wirft und fängt.

Sie wissen, wie sich **Referenztypen** im Gegensatz zu primitiven Datentypen verhalten, insbesondere bei der Übergabe an Methoden.

ZEILENMAXIMA
AUFGABE 11.1

Schreiben Sie eine Methode namens **zeilenMaxima**, die aus einer beliebigen, rechteckigen zweidimensionalen **double**-Matrix (nicht zwangsläufig quadratisch!) für alle Zeilen das jeweilige (Zeilen-)Maximum bestimmt und diese Maxima in einem neuen, eindimensionalen Feld zurückliefert.

Es kann davon ausgegangen werden, dass jede Zeile mindestens ein Element (**double**-Wert) enthält, sich also somit für jede Zeile das Maximum bestimmen lässt. Die zweidimensionale **double**-Matrix soll als Argument an die Methode übergeben werden.

3D-Tic-Tac-Toe
Aufgabe 11.2

Schreiben Sie ein Programm, welches ein 3D-Tic-Tac-Toe, also ein Tic-Tac-Toe-Spiel mit 3x3x3 Feldern, **initialisiert**. Verwenden Sie dazu ein dreidimensionales Array von **boolean**, d.h. **boolean[][][]**.

Alle Elemente des Tic-Tac-Toe-Feldes sollen zufällig mit **true** oder **false** belegt werden.

Überlegen Sie sich, wie sie das Tic-Tac-Toe-Feld visualisieren können. Jedes mit **true** belegte Feld soll als **x** ausgegeben werden, jedes andere als **o**.

ÜBERLADEN DER BETRAGSMETHODE
AUFGABE 11.3

Entwickeln Sie eine Methode für die Berechnung des Betrags.

Der Betrag ist wie folgt definiert:

$$|.| : \mathbb{R} \to \mathbb{R}_+$$

$$x \mapsto \begin{cases} x, x \geq 0 \\ -x, x < 0 \end{cases}$$

Überladen Sie Methode, so dass die Methode den Betrag von **int**, **float**, **double**, **short** und **long** berechnen kann. Der Rückgabewert soll dem Datentyp des übergebenen Parameters entsprechen.

TICKER

AUFGABE 11.4

Ein Fernsehsender beauftragt Sie mit der Programmierung eines Nachrichtentickers, welcher bei bestimmten Sendungen aktuelle Nachrichten am Bildschirmrand anzeigen soll.

a) Realisieren Sie eine Klasse **Ticker**, welche eine aktuelle Nachricht verwaltet. Gespeichert werden soll die aktuelle Nachricht in einem Nachrichtenpuffer (**char**-Array) namens **nachricht**.

Bei der Erzeugung eines Ticker-Objekts soll die Größe des Nachrichtenpuffers angegeben werden können. Bei einem ungültigem Wert für die Größe (d. h. ein Wert <= 0) wird standardmäßig ein Nachrichtenpuffer der Größe 200 Zeichen erzeugt. Zu Beginn muss der komplette Nachrichtenpuffer mit Leerzeichen gefüllt werden.
Ferner soll der Ticker über folgende Methoden verfügen:

- **getGroesse()**

Liefert die Größe des Nachrichtenpuffers zurück.

- **setNachricht(char[] nachricht)**

Der Parameter **nachricht** wird zur aktuellen Nachricht. Hierbei werden die Zeichen des Parameters in den Nachrichtenpuffer **kopiert**. Ist die übergebene Nachricht kürzer als der Nachrichtenpuffer, ist dessen nicht benötigter Speicherplatz mit dem Pluszeichen (+) aufzufüllen. Ist die übergebene Nachricht hingegen länger als der Nachrichtenpuffer, so sind die überschüssigen Zeichen der übergebenen Nachricht abzuschneiden bzw. zu ignorieren.

- **getNachricht()**

Gibt eine **Kopie** des kompletten Nachrichtenpufferinhalts zurück.

- `resetNachricht(char zeichen)`

Überschreibt den kompletten Inhalt des Nachrichtenpuffers mit dem Zeichen **zeichen**.

- `resetNachricht()`

Überschreibt den kompletten Inhalt des Nachrichtenpuffers mit dem Pluszeichen (+).

- `rotateNachricht(int distance)`

Der komplette Inhalt des Nachrichtenpuffers soll um den Wert des Parameters **distance** nach links (d. h. Richtung kleinerer Index) rotieren. Zeichen, die dabei nach links aus dem Nachrichtenpuffer fallen, sind auf dessen rechter Seite wieder einzufügen. Ist der Wert von **distance** kleiner gleich 0 oder größer gleich der Größe des Nachrichtenpuffers macht die Methode nichts.

Beispiel (Nachrichtenpuffer der Größe 45 Zeichen):

Wettervorhersage: Schnee in Wuerzburg++++++++

Mit dem Aufruf von **rotateNachricht** mit dem Wert **6** steht folgende aktuelle Nachricht im Nachrichtenpuffer:

vorhersage: Schnee in Wuerzburg++++++++Wetter

b) Realisieren Sie die Anweisungen, die notwendig sind, um einen neuen Ticker mit dem Text aus dem Beispiel (Schnee in Würzburg) anzulegen und die Nachricht um jeweils 14 Stellen nach links rotieren zu lassen.

TAGE IM MONAT
AUFGABE 11.5

Gegeben sei folgende Methode:

```java
public static int tageImMonat(String monat)
{
  int tage;
  switch(monat) {
    case "Februar":
      tage = 28;
      break;
    case "April":
    case "Juni":
    case "September":
    case "November":
      tage = 30;
      break;
    case "Januar":
    case "März":
    case "Mai":
    case "Juli":
    case "August":
    case "Oktober":
    case "Dezember":
      tage = 31;
      break;
    default:
      throw new RuntimeException("falscher
Monat");
  }
  return tage;
}
```

Schreiben Sie ein Programm, das vom Nutzer einen Monatsnamen einliest. Das Programm soll bei der Eingabe eines ungültigen Monats, die **RuntimeException** fangen und den Nutzer solange dazu auffordern, einen neuen Monat einzugeben, bis die Eingabe gültig ist. Danach soll die Anzahl der Tage ausgegeben werden.

TEXTDOKUMENT
AUFGABE 11.6

Ein Textdokument besteht aus einer beliebigen Anzahl von Textzeilen. Jede Zeile enthält eine beliebige Anzahl von Zeichen. Die Zeilen müssen nicht die gleiche Länge besitzen. Implementiert ist das Textdokument mit Hilfe eines zweidimensionalen **char**-Arrays. Über die erste Dimension wird die Zeile, über die zweite Dimension die Spalte eines Zeichens innerhalb des Textdokuments bestimmt. Leerzeilen innerhalb des Textdokuments können Sie über null-Referenzen oder Arrays der Länge 0 realisieren.

a) Schreiben Sie eine Methode namens **zaehleZeichen**, die alle Zeichen außer dem Leerzeichen (Blank, Space) im Textdokument zählt und das Resultat als **int**-Wert zurück liefert.

b) Schreiben Sie eine Methode namens **vertauscheZeilen**, die zwei Zeilen innerhalb des Textdokuments miteinander vertauscht. Die beiden Zeilenpositionen der beiden miteinander zu vertauschenden Zeilen werden der Methode als Parameter übergeben. Liegt mindestens eine der beiden Zeilenpositionen außerhalb des Textdokuments erfolgt kein Tausch und die Methode liefert den booleschen Wert **false** zurück, ansonsten **true**.

c) Schreiben Sie eine Methode namens **fuegeTextdokumentEin**, die ein Textdokument (d. h. eine Reihe von (Text-)Zeilen) in dieses Textdokument ab einer bestimmten Zeilenposition einfügt. Das einzufügende Textdokument und die Zeilenposition, ab der eingefügt werden soll, werden der Methode als Parameter übergeben. Liegt die Zeilenposition außerhalb des Textdokuments erfolgt kein Einfügen. Die Methode soll dann eine **RuntimeException** mit der Fehlermeldung „Ungültige Zeilenposition" werfen.

LEKTION 12

Sie kennen die Vorteile von **Listen** gegenüber Arrays.

Sie wissen,

- wie man eine geeignete Datenstruktur zum Erstellen einer Liste wählt.

- wie man einen Knoten in eine Liste (sortiert) **einfügt**.

- wie man eine Liste **traversiert**.

- wie man einen Knoten aus einer Liste **löscht**.

- wie man einen bestimmten Knoten in einer Liste **sucht**.

- was eine einfach und eine doppelt verkette Liste ist.

Sie wissen, dass ein **Baum** vor allem dann eine geeignete Datenstruktur ist, wenn effizient nach Elementen gesucht werden soll.

Sie wissen,

- wie man eine geeignete Datenstruktur zum Erstellen eines Baumes wählt.

- wie man einen Knoten in einen Baum **sortiert einfügt**.

- wie man einen Baum **traversiert**.

- wie man nach einem Element im Baum **sucht**.

ECHTE LOTTOZIEHUNG
AUFGABE 12.1

Implementieren Sie nochmals die Lottoziehung 6 aus 49! Verwenden Sie diesmal eine einfach verkettete Liste mit den Zahlen von 1-49. Um die Ziehung einer Kugel zu simulieren, soll eine Zahl zufällig aus der Liste ausgekettet werden. Dadurch sind nach der ersten Ziehung nur noch 48 Zahlen in der Liste, aus denen die nächste Zahl gezogen wird, danach noch 47, etc.

Durch dieses Verfahren wird von vornherein unterbunden, dass eine Zahl doppelt gezogen werden kann. Geben Sie die gezogenen Zahlen sortiert aus!

Doppelt verkettete Liste
Aufgabe 12.2

Programmieren Sie eine doppelt verkettete Liste von Personenknoten. Legen Sie dazu eine Klasse **Personenknoten** sowie eine Klasse **Liste** an. Die Klasse **Liste** soll den Startknoten der Liste kennen. Jeder Personenknoten soll die Attribute **alter**, **nachname** und **vorname** haben und seinen Vorgänger und Nachfolger kennen.

Die Klasse **Liste** soll über eine Methode zum sortierten Einfügen eines Personenknoten-Objekts verfügen. Die Sortierung soll nach dem Alter der Person erfolgen.

a) Die Klasse **Liste** soll über eine Methode **suche** verfügen, die es ermöglicht, einen Personenknoten anhand des Alters zu suchen.

Implementieren Sie dazu eine Methode, die den ersten mit dem passenden Alter gefundenen Personenknoten zurückgibt.

b) Legen Sie fünf Personenknoten-Objekte an und fügen Sie diese über die von Ihnen implementierte Methode zum sortierten Einfügen in die Liste ein.

Rufen Sie die **suche**-Methode auf und geben Sie Namen der gefundenen Person, sowie den Namen der nächstjüngeren und der nächstälteren Person aus.

BINÄRBAUM
AUFGABE 12.3

a) Definieren Sie eine Klasse **Knoten** in geeigneter Weise, dass diese sowohl einen Wörterbucheintrag (mit den Attributen **Wort** und **Bedeutung**) speichern kann als auch als Knoten eines Baumes verwendet werden kann.

Beispiel:

Wort: hello
Bedeutung: an expression or gesture of greeting - used interjectionally in greeting, in answering the telephone, or to express surprise

b) Schreiben Sie eine Klasse **Baum** mit den Methoden

- `insert(Knoten k)` zum sortierten Einfügen in den Baum

- `print()` zur in-order-Ausgabe des gesamten Baums

- `search(String w)` zum Suchen im Baum. Die Methode soll die Beschreibung des gefundenen Wortes zurückgeben, ansonsten **null**.

- (optional) `delete(Knoten k)` zum Löschen aus dem Baum

c) Schreiben Sie eine Klasse **Main**! Diese soll ein Menü anbieten, über das zwei Funktionalitäten des Programms aufgerufen werden können: Das Einfügen in das Wörterbuch und das Suchen im Wörterbuch.

Nach jedem Einfügevorgang soll der komplette Baum ausgegeben werden.

d) **(optional)** Erweitern Sie das Programm um einen Menüpunkt zum Löschen von Einträgen!

LEKTION 13

Jede Klasse, die Sie schreiben, **erbt implizit** von der Klasse `Object`. Durch diese Vererbung werden mehrere Methoden vererbt. Die wichtigsten Methoden sind **equals** und **toString**.

Sie wissen, dass die **toString**-Methode überschrieben werden kann, um Sie für Ihre Klasse anzupassen.

3D-Punkt
Aufgabe 13.1

a) Schreiben Sie eine Klasse **Punkt**, die einen Punkt in einem dreidimensionalen Koordinatensystem abbilden kann.

b) Ergänzen Sie die Klasse Punkt, um die Methode **berechneAbstand**, die den Abstand zum Ursprung berechnet und zurückgibt. Der Abstand wird nach folgender Formel berechnet:

$$d = \sqrt{a^2 + b^2 + c^2}$$

c) Überschreiben Sie die Methode **toString**, so dass ein Punkt wie im Beispiel repräsentiert wird:

Beispiel für Punkt P(2,5,7):

a=2, b=5, c=7

SCHACHBRETT
AUFGABE 13.2

Gegeben sei folgende Klasse:

```
public class Schachbrett {
    //Zur Markierung aller bedrohten Felder
    boolean[][] brett = new boolean[8][8];
}
```

a) Ergänzen Sie die Klasse um die Methode **setzeTurm**, die eine x-
und eine y-Position entgegennehmen soll. Von dieser Position aus
sollen alle durch einen Turm bedrohten Felder auf dem **brett** mit
true markiert werden, d. h. alle Felder in der gleichen Zeile und
gleichen Spalte, sowie das Feld auf der übergebenen Position.

Hinweis: Gehen Sie davon aus, dass für x und y nur Werte zwischen 0 und 7 übergeben werden, d.h., abweichend vom üblichen
Koordinatensystem bei Schach benutzen wir wie beim zweidimensionalen Feld für jede Dimension die Indizes 0..7!

b) Überschreiben Sie die Methode **toString**. Sie soll das komplette
Schachbrett (siehe Grafik) inkl. bedrohter Felder ausgeben. Für jedes **false** auf dem **brett** soll ein **o** ausgegeben werden, für jedes **true** ein **x**.

Beispiel (folgender Code erzeugt nachfolgendes Schachbrett):

```
Schachbrett s = new Schachbrett();
s.setzeTurm(3, 5);
System.out.println(s);
```

```
O O O O O X O O
O O O O O X O O
O O O O O X O O
X X X X X X X X
O O O O O X O O
O O O O O X O O
O O O O O X O O
O O O O O X O O
```

GEMISCHTE AUFGABEN

Die folgenden Aufgaben sind nicht mehr einzelnen Themen zugeordnet, sondern können alles bisher Gelernte umfassen. Der Lernende muss für diese Aufgaben selbst eine Entscheidung treffen,
mit welchen Mitteln er die Aufgaben löst.

Die Aufgaben variieren in der Schwierigkeit und haben eine eher zufällige Anordnung. Wenn Sie an einer Aufgabe hängen, überspringen
gen Sie diese erst einmal und kehren Sie später zu der Aufgabe zurück.

HARSHAD-ZAHLEN
AUFGABE G.1

Eine natürliche Zahl wird Harshad-Zahl genannt, wenn die Zahl ganzzahlig durch ihre Quersumme teilbar ist.

Beispiel:

Die Quersumme der Zahl 777 ist 21.
Da 777 ganzzahlig durch 21 teilbar ist (777 : 21 = 37 Rest 0), ist 777 eine Harshad-Zahl.

Schreiben Sie eine Methode, die für eine übergebene natürliche Zahl zurückgibt, ob diese Zahl eine Harshad-Zahl ist oder nicht.

STRING JOINER
AUFGABE G.2

a) Schreiben Sie eine Methode, die ein String-Array und ein Trennzeichen entgegennimmt. Die Methode soll alle Strings des Arrays zu einem einzigen String konkatenieren und zurückgeben. Dabei soll zwischen je zwei Strings des Arrays das Trennzeichen eingefügt werden.

Beispiele:

String-Array	Trennzeichen	Ergebnis
"Gurken", "Mehl", "Milch", "Karotten"	";"	"Gurken;Mehl;Milch;Karotten"
"Gurken"	";"	"Gurken"
""	" "	""
null	";"	""

b) Schreiben Sie eine **main**-Methode, die Ihre obige Methode testet. Rufen Sie Ihre Methode mit **allen** Beispielen aus obiger Tabelle auf.

ALTERSFILTER
AUFGABE G.3

Schreiben Sie eine Klasse Student mit den Attributen **namen** und **alter**. Ergänzen Sie die Klasse um eine statische Methode, die ein Array von Studenten entgegennimmt und diejenigen Studenten in einem neuen Array passender Größe zurückgibt, die mind. 18 Jahre alt sind.

COOKIES

AUFGABE G.4

Cookies sind Daten, die beim Besuch von Webseiten an den Browser gesendet und von diesem gespeichert werden. Der Browser übersendet dann bei jedem erneuten Abruf der Webseite die Cookies, die diese Webseite gesetzt hat. Typischerweise werden Cookies nach einem erfolgreichen Login gesetzt oder auch um das Surfverhalten der Nutzer zu speichern und zu analysieren.

Technisch gesehen besteht ein Cookie dabei aus einem **Namen**, gefolgt von einem **=**, gefolgt von einem **Wert**. Optional kann dem **Wert** noch **; Expires=** und ein **Ablaufdatum** folgen.

Im Folgenden sehen Sie zwei typische Beispiele für Cookies:

PHPSESSID=e8858b4facdda3aa22d95f014a3f

GAPS=1:Mx...; Expires=Sun, 07-Jun-2025 14:16:12 GMT

a) Schreiben Sie eine Klasse **Cookie**, die eine geeignete Repräsentation des oben beschriebenen Konzepts darstellt.

    Hinweis: Sie können anstelle einer Datumsklasse einfach die Klasse String verwenden!

b) Ein Cookie gilt als gesetzt, wenn bereits ein Cookie mit gleichem **Namen** vorhanden ist. Fügen Sie der Klasse Cookie eine Methode namens **inGesetztenCookiesEnthalten** hinzu, die ein Array von Cookies entgegennimmt, und zurückgibt, ob das aktuelle Cookie-Objekt bereits in dem Array gesetzt ist.

c) Überschreiben Sie die Methode **toString**, so dass die Ausgabe eines Cookie-Objekts wie in den obigen Beispielen erfolgt.

TIMELINE
AUFGABE G.5

Ein Benutzer eines sozialen Netzwerks sieht in der Hauptansicht eine *Timeline*. Die Timeline ist so sortiert, dass die neusten Posts zuerst kommen und die ältesten zuletzt. Die **Timeline**-Klasse kennt immer den jüngsten Post. Jeder Post kennt wiederum den **nächstälteren** Post. Ein **Post** besteht aus

- einem Text

- einem Absender

- einem Empfänger

Beispiel für eine Timeline:

Alice -> Bob
Gutes neues Jahr!

Bob -> Alice
Danke! Guten Rutsch ins neue Jahr!

Alice -> Bob
Frohe Weihnachten!

a) Schreiben Sie eine Klasse **Timeline** und eine Klasse **Post** mit den jeweils benötigten Attributen, die obige Beschreibung abbilden. Ergänzen Sie die Klasse **Post** um einen Konstruktor, über den sich die benötigten Attribute setzen lassen.

b) Ergänzen Sie die Klasse Timeline um eine Methode **fuege-PostEin**, die den übergebenen Post an die oberste Stelle der Timeline (d.h. an den Anfang der Liste) einfügt, ohne die restliche Sortierung zu zerstören.

c) Ergänzen Sie die Klasse **Timeline** um eine Methode **gibAus**, die die gesamte Timeline wie im Beispiel ausgibt.

d) Schreiben Sie ein Hauptprogramm, in dem obenstehende Timeline angelegt und ausgegeben wird.

DATEIENDUNG
AUFGABE G.6

a) Schreiben Sie eine Methode **ersetze**, die Punkte in einem Dateinamen durch einen Unterstrich ersetzt, aber nicht den Punkt vor der Datei-Erweiterung. Der Dateinamen wird der Methode als **char**-Array übergeben. Der Rückgabewert der Methode ist die Anzahl der umgewandelten Zeichen.

Beispiel:

Datei.name.txt -> Datei_name.txt

Image.1.jpeg -> Image_1.jpeg

Graphik.Init.Datei.ini -> Graphik_Init_Datei.ini

b) Schreiben Sie eine main-Methode, in der Sie mit Hilfe der Methode **ersetze** im String „Graphik.Init.Datei.ini" die Punkte ersetzen. Geben Sie den veränderten Dateinamen auf der Standardausgabe aus.

Hinweis: Verwenden Sie die Methode **toCharArray** aus der Klasse **String**.

FARBEN MISCHEN
AUFGABE G.7

Durch das Mischen von drei Grundfarben können in der Regel beliebige Farben auf einem Monitor dargestellt oder auf Papier gedruckt werden. Für Computermonitore wird das additive Farbmodel RGB verwendet. Die Grundfarben in diesem Modell sind Rot, Grün und Blau. Jeder Farbe kann eine Intensität zwischen 0 und 255 zugewiesen werden. Wenn alle Grundfarben die Intensität 0 haben, bleibt der Farbpunkt auf dem Bildschirm schwarz. Wenn alle Grundfarben die Intensität 255 haben, wird der Farbpunkt weiß.

Beispiele für Farben:

Schwarz:
Rotanteil = 0, Grünanteil = 0, Blauanteil = 0

Weiß:
Rotanteil = 255, Grünanteil = 255, Blauanteil = 255

Grün:
Rotanteil = 0, Grünanteil = 255, Blauanteil = 0

LimeGreen:
Rotanteil = 50, Grünanteil = 205, Blauanteil = 50

a) Schreiben Sie eine Klasse **Farbe**, die einen Farbwert abspeichern kann. Die Klasse soll einen Konstruktor zur Verfügung stellen, in dem die Intensitäten der verschiedenen Grundfarben übergeben werden. Wenn für eine Farbintensität ein Wert größer als 255 übergeben wird, soll der Wert auf 255 gesetzt werden. Bei einem Wert kleiner 0 soll der Wert auf 0 gesetzt werden.

b) Schreiben Sie eine Methode **helleAuf**, die eine Farbe aufhellt. Die Methode soll ein Farbe-Objekt entgegennehmen, es mit der Farbe Weiß mischen und die neue Farbe zurückgeben. Die neue Farbe erhält

- als Rotanteil das arithmetische Mittel der Rotanteile der zu mischenden Farben,

- als Grünanteil das arithmetische Mittel der Grünanteile der zu mischenden Farben,

- als Blauanteil das arithmetische Mittel der Blauanteile der zu mischenden Farben.

Beispiel:

Eine Mischung aus LimeGreen und Weiß ergibt eine neue Farbe mit folgenden Farbwerten:

Rotanteil = 152, Grünanteil = 230, Blauanteil = 152

c) Überschreiben Sie die **toString**-Methode, so dass die einzelnen Anteile der Farbe ausgegeben werden. Für die Farbe Rot soll die Ausgabe bspw. folgendermaßen aussehen:
r=255;g=0;b=0

d) Schreiben Sie eine **main**-Methode, in der Sie die Farbe Rot anlegen und diese anschließend mit der **helleAuf**-Methode aufhellen. Geben Sie anschließend die neue Farbe aus.

PALINDROM
AUFGABE G.8

Ein Palindrom ist eine Zeichenfolge, die von links nach rechts gelesen genau dasselbe Ergebnis liefert, wie von rechts nach links gelesen (z. B.: 5, otto, lagerregal, ...). Schreiben Sie eine Methode **palindrom**, welche ein beliebig großes Feld vom Datentyp **char** daraufhin überprüft, ob es sich bei dem Inhalt um ein Palindrom handelt. Handelt es sich bei dem übergebenen Feld um ein Palindrom, liefert die Methode **true** zurück, ansonsten **false**.

BOGOSORT
AUFGABE G.9

Beim **BogoSort** handelt es sich um ein Sortierverfahren, bei dem eine unsortierte Zahlenfolge solange zufällig gemischt wird, bis die Zahlen aufsteigend sortiert vorliegen.

a) Schreiben Sie eine Klasse **BogoSort** mit einem Konstruktor, der ein ganzzahliges Feld entgegennimmt und in dem erstellten Objekt speichert. Sie können sich darauf verlassen, dass das übergebene Feld mindestens die Größe 2 besitzt.

b) Erweitern Sie die Klasse **BogoSort** durch die Methode **mischen**, welche die Inhalte von 2 zufälligen Feldkomponenten vertauscht. Die Indizes der zu tauschenden Feldkomponenten werden zufällig mit Hilfe der Methode **Math.random** ermittelt. Bitte stellen Sie sicher, dass Sie unterschiedliche Indizes benutzen.

c) Weiterhin sollen Sie in **BogoSort** die Methode **ausgabe** vereinbaren. Die Methode gibt den Inhalt des ganzzahligen Feldes auf der Standardausgabe aus.

d) Außerdem sollen Sie in der Klasse die Methode **aufsteigend-Sortiert** schreiben. Die Methode überprüft, ob die im ganzzahligen Feld enthaltenen Werte aufsteigend sortiert vorliegen. In dem Feld sind gleiche benachbarte Werte ebenfalls zulässig. Die Methode gibt **true,** zurück falls dies der Fall ist, ansonsten wird **false** zurückgegeben.

e) Schreiben Sie ferner eine Methode **sortieren**, die solange auf dem ganzzahligen Feld **mischen** aufruft, bis die Zahlenfolge aufsteigend sortiert im Feld vorliegt! Die Methode soll die Anzahl der **mischen**-Aufrufe zurückgeben.

f) Ergänzen Sie eine **main**-Methode, in der Sie ein ganzzahliges Feld mit 20 zufälligen Werten aus dem Intervall 1..1000000 (jeweils inklusive) erzeugen. Erzeugen Sie ein Objekt der Klasse **BogoSort** und lassen Sie das übergebene Feld aufsteigend sortieren. Geben Sie aus, wie oft gemischt wird, bis das Feld aufsteigend sortiert vorliegt.

Brutto Netto
Aufgabe G.10

Der Bruttopreis eines Produkts errechnet sich aus dem Nettopreis und dem Mehrwertsteuersatz wie folgt:

$$Bruttopreis = Nettopreis + Nettopreis \cdot Mehrwertsteuersatz$$

Beispiel:

Für eine Schokolade mit einem Nettopreis von 1 EUR:

$$Bruttopreis = 1 + 1 \cdot 0{,}07 = 1{,}07$$

a) Schreiben Sie eine Methode **berechneNettopreis**, die Bruttopreis (!) und Mehrwertsteuersatz entgegennimmt und daraus auf den **Nettopreis** zurückrechnet und diesen zurückgibt.

b) Schreiben Sie eine **main**-methode, in der die Methode **berechneNettopreis**, mit einem Bruttopreis von 1,07 und einem Mehrwertsteuersatz von 0,07 aufgerufen wird, und das Ergebnis der Methode auf der Standardausgabe ausgegeben wird.

STRECKE

AUFGABE G.11

Eine Strecke wird durch zwei Punkte auf dem Zahlenstrahl repräsentiert.

a) Schreiben Sie eine Klasse **Strecke**, die aus einem Anfangspunkt A und einem Endpunkt B besteht. Bei A und B handelt es sich um ganze positive Zahlen. Der Konstruktor soll sicherstellen, dass der kleinere Punkt in A und der größere Punkt in B gespeichert wird.

b) Ergänzen Sie die Klasse um eine Methode, die überprüft, ob zwei Strecken sich überschneiden! Die Methode soll **true** zurückgeben, falls eine Überschneidung vorliegt, ansonsten **false**. Eine Berührung zweier Strecken in einem Punkt stellt noch keine Überschneidung dar!

c) Überschreiben Sie die Methode **toString**, so dass bei einer Ausgabe einer Strecke der Anfangspunkt gefolgt von x Strichen (-), wobei x der Abstand vom Endpunkt zum Startpunkt ist, gefolgt vom Endpunkt ausgegeben wird.

Beispielausgabe für die Strecke von 3 bis 5:
3--5

Beispielausgabe für die Strecke von 2 bis 8:
2------8

Wenn der Endpunkt und Startpunkt identisch sind, soll die Ausgabe des Punktes lediglich einmal erfolgen.

Beispielausgabe für die Strecke von 4 bis 4:
4

ALTERNIERENDE REIHE
AUFGABE G.12

Schreiben Sie ein Programm, das den Wert der *alternierenden harmonischen Reihe* nach den ersten 10000 Gliedern berechnet und ausgibt.

$$\sum_{k=1}^{\infty} \frac{(-1)^{k+1}}{k}$$

HANDYANSCHLÜSSE
AUFGABE G.13

Gegeben sei die Klasse **Handyanschluss** mit den Attributen **nummer** und **inhaber**, sowie einem Attribut **next** vom Typ **Handyanschluss** und der überschriebenen Methode **toString**. Gegeben ist ebenfalls ein Default-Konstruktor.

Weiterhin sei eine Klasse **Liste** gegeben, welche Objekte von der Klasse **Handyanschluss** mit einer einfach verketteten Liste verwaltet. Die Klasse besitzt ein Attribut **start**, welches mit einem (leeren) **Handyanschluss**-Objekt vorbelegt ist.

```
public class Liste {
  final  Handyanschluss  start  =  new  Handyan-
schluss();
  …
}
```

a) Ergänzen Sie die Klasse **Liste** um die Methode **suchen**, welche als Argument die ersten 4 Ziffern (z. B. 0170) einer Telefonnummer als String übergeben bekommt. Die Methode soll die Liste der Handyanschlüsse nach diesen Ziffern durchsuchen, und die Daten zu allen in der Liste enthaltenen Handyanschlüssen auf der Standardausgabe anzeigen.

b) Schreiben Sie für die Klasse **Handyanschluss** eine Methode **kopieren**, welche

- ein Objekt der Klasse **Handyanschluss** entgegennimmt,

- von diesem Objekt eine Kopie erstellt

- und diese Kopie zurückliefert.

c) Ergänzen Sie die Klasse **Liste** um die Methode **suchen2**, welche genauso funktioniert, wie die Methode **suchen**, mit der Ausnahme, dass sie eine neue **Liste** mit Kopien der Suchergebnisse zurückgibt, anstatt die Suchergebnisse auszugeben.

Hinweis:

Sie dürfen in dieser Aufgabe die Methode **boolean startsWith(String prefix)** aus der Klasse String benutzen. Die Methode gibt **true** zurück, wenn die ersten Buchstaben des Strings mit dem String **prefix** übereinstimmen, ansonsten **false**.

BRUCH

AUFGABE G.14

a) Schreiben Sie eine Klasse **Bruch**, die aus einem ganzzahligen Zähler und ganzzahligem Nenner besteht.

b) Ergänzen Sie die Klasse **Bruch** um eine statische Methode `multipliziereBrueche`, die zwei Brüche entgegennimmt, multipliziert und das Ergebnis in einem neuen Bruch-Objekt zurückgibt.

c) Ergänzen Sie die Klasse **Bruch** um eine statische Methode `addiereBrueche`, die zwei Brüche entgegennimmt, **korrekt** addiert und das Ergebnis in einem neuen Bruch-Objekt zurückgibt.

d) Ergänzen Sie die Klasse Bruch, um eine nicht-statische Methode `multipliziereMitBruch`, die einen Bruch übergeben bekommt und diesen mit dem aktuellen Bruch-Objekt multipliziert. Das Ergebnis der Multiplikation soll im aktuellen Bruch-Objekt gespeichert werden.

Hinweis: Sie müssen sich nicht um das Kürzen der Brüche kümmern!

Magisches Quadrat
Aufgabe G.15

Ein magisches Quadrat der Kantenlänge **n** ist eine quadratische Anordnung der **natürlichen** Zahlen, sodass die Summe der Zahlen aller Zeilen, Spalten und der beiden Diagonalen gleich ist.

Beispiel:

Magisches Quadrat der Kantenlänge n = 3:

6	1	8
7	5	3
2	9	4

Die Summe ist für alle Zeilen, Spalten und Diagonalen immer 15.

Die **Hauptdiagonale** besteht aus denjenigen Elementen des magischen Quadrats, die auf einer gedachten diagonal von links oben nach rechts unten verlaufenden Linie liegen.

im Beispiel: 6 -> 5 -> 4

Die **Gegendiagonale** sind diejenigen Elemente, die auf einer gedachten diagonal von rechts oben nach links unten verlaufenden Linie liegen.

im Beispiel: 8 -> 5 -> 2

a) Schreiben Sie eine Klasse `MagischesQuadrat`. Bei der Erstellung eines `MagischesQuadrat`-Objekts soll ein zweidimensionales Array **beliebiger** Dimension übergeben werden und in dem Objekt gespeichert werden.

b) Ergänzen Sie die Klasse um eine Methode **berechneHauptdiagonale**. Die Methode soll die Summe der Elemente, die auf der Hauptdiagonalen des magischen Quadrats liegen, berechnen und zurückgeben.

c) Ergänzen Sie die Klasse um eine Methode **berechneGegendiagonale**. Die Methode soll die Summe der Elemente, die auf der Gegendiagonalen des magischen Quadrats liegen, berechnen und zurückgeben.

d) Schreiben Sie eine main-Methode, in der das magische Quadrat aus obigem Beispiel erstellt wird. Daraufhin sollen die Ergebnisse der beiden Methoden **berechneHauptdiagonale** und **berechneGegendiagonale** auf der Standardausgabe ausgegeben werden.

POLYNOM

AUFGABE G.16

Ein Polynom dritten Grades sieht allgemein wie folgt aus:

$$ax^3 + bx^2 + cx + d$$

a) Schreiben Sie eine Klasse **Polynom3**, die in der Lage ist, ein Polynom dritten Grades abzubilden. Ergänzen Sie die Klasse um eine **main**-Methode und erstellen Sie folgendes Polynom:

$$1{,}5x^3 + 4x^2 + 1{,}3x - 8$$

b) Ergänzen Sie die Klasse um eine Methode **berechneAnDerStelleX**, die einen x-Wert entgegennimmt, das Polynom an dieser Stelle berechnet und den Wert zurückgibt.

Beispiel:

An der Stelle x=2 hat obiges Polynom folgenden Wert:

$$1,5 \cdot 2^3 + 4 \cdot 2^2 + 1,3 \cdot 2 - 8$$
$$= 12 + 16 + 2{,}6 - 8 = 22{,}6$$

c) Ergänzen Sie die Klasse um eine Methode **leiteAb**. Die Methode **leiteAb** soll die erste Ableitung des Polynoms berechnen und zurückgeben. Die erste Ableitung für das allgemeine Polynom dritten Grades sieht wie folgt aus:

$$(ax^3 + bx^2 + cx + d)' = 3ax^2 + 2bx + c$$

d) Überschreiben Sie die Methode **toString**, so dass ein Polynom in folgendem Format als Text ausgegeben werden kann:

$$ax\textasciicircum 3 + bx\textasciicircum 2 + cx\textasciicircum 1 + d$$

Für obiges Beispiel würde das bedeuten:

$$1.5x\textasciicircum 3 + 4.0x\textasciicircum 2 + 1.3x\textasciicircum 1 + -8.0$$

e) Die Definition eines Polynoms n-ten Grades ist wie folgt:

$$\sum_{i=0}^{n} a_i x^i$$

Wie müssten die Attribute und der Konstruktor einer Klasse **PolynomN** aussehen, wenn sie Polynome n-ten Grades abbilden können soll?

f) Implementieren Sie die Methoden **berechneAnDerStelleX**, **leiteAb** und **toString** für die Klasse **PolynomN**. Achten Sie darauf, dass der Grad des Polynoms sich nach der Ableitung um 1 verringert.

ISBN
AUFGABE G.17

Die Internationale Standardbuchnummer (ISBN) ist eine Nummer zur eindeutigen Kennzeichnung von Büchern und besteht aus 10 oder 13 Ziffern. Die ISBN wird dabei in unterschiedliche Zahlengruppen aufgeteilt, die mit Bindestrichen voneinander getrennt werden.

Im Folgenden finden Sie ein Beispiel wie eine typische 10-ziffrige ISBN aussieht:

3-528-05912-5

Damit bei der Eingabe einer ISBN Fehler vermieden werden können, wird bei der Vergabe von ISBN-Nummern darauf geachtet, dass die Korrektheit einer ISBN immer durch das Zutreffen folgender Bedingung sichergestellt werden kann:

$$\left(\sum_{k=1}^{10} z_k * k \right) mod\ 11 = 0$$

z_1 bis z_{10} bezeichnen hierbei die zehn Ziffern der ISBN.

Beachten Sie bitte, dass ein Benutzer die ISBN immer mit Bindestrichen zwischen den Zahlengruppen eingibt.

a) Schreiben Sie eine Klasse ISBN mit einer Methode, die eine 10-ziffrige ISBN (siehe obiges Beispiel) entgegennimmt und den Wert **true** zurückgibt, wenn die ISBN korrekt ist, und **false** ansonsten.

b) Ergänzen Sie in Ihrer Klasse die **main**-Methode. Die main-Methode soll eine 10-ziffrige ISBN (siehe obiges Beispiel) von der Standardeingabe einlesen und mit Hilfe der Methode aus Aufgabenteil a) überprüfen, ob die eingegebene ISBN gültig ist oder nicht. Der Nutzer soll eine entsprechende Ausgabe erhalten.

STERN-QUADRAT
AUFGABE G.18

Schreiben Sie eine Methode **printQuadrat(int zeilen)**, welche ein Quadrat auf der Standardausgabe ausgibt. Das Quadrat soll folgendes Aussehen haben:

- In der ersten und letzten Zeile werden in Abhängigkeit vom Methodenparameter entsprechend viele *-Zeichen ausgeben.

- In den Zeilen dazwischen soll in der ersten und letzten Spalte ein *-Zeichen ausgeben werden. Dazwischen werden Leerzeichen eingefügt.

Die Anzahl der Zeilen soll dem Methodenparameter entsprechen.

Beispielausgabe für den Methodenaufruf: **printQuadrat(4)**

```
* * * *
*     *
*     *
* * * *
```

SPRINGER (SCHACH)
AUFGABE G.19

Ein Springer (Pferd) bewegt sich auf einem Schachbrett immer zwei Felder in eine Richtung und dann senkrecht dazu ein weiteres Feld. Im Folgenden finden Sie zwei Beispiele. Mit X sind jeweils alle mögliche Felder markiert, die der Springer bedroht. Mit dem Pfeil ist beispielhaft eine mögliche Bewegung gekennzeichnet.

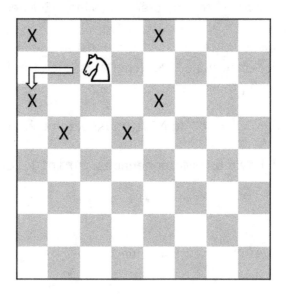

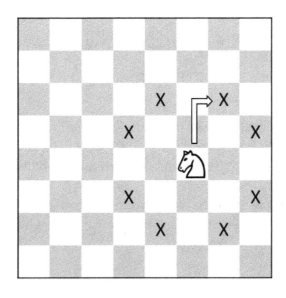

a) Schreiben Sie dazu eine Klasse, die es ermöglicht, ein Schachbrett abzubilden, dem alle Felder markiert werden können, die durch den Springer bedroht werden. Vereinbaren Sie in dieser Teilaufgabe nur die Instanzattribute. Methoden sind noch nicht gefordert. Verwenden Sie zur Darstellung eines Schachfeldes den Datentyp **boolean**. Ist ein Feld bedroht, so wird der **boolean true**, ansonsten **false**.

b) Erstellen Sie weiterhin eine Methode **markierePosition**, welche eine x- und y-Koordinate übergeben bekommt, und überprüft, ob es sich dabei um eine gültige Position auf dem Schachbrett handelt. Ist die Position gültig, wird diese auf dem Schachbrett als bedroht markiert.

c) Schreiben Sie eine Methode **gibVomSpringerErreichbareFelder**, die eine x- und y-Koordinate für die Position des Springers entgegennimmt und ein Schachbrett zurückgibt, auf dem alle Felder markiert sind, die vom Springer von diesem Feld aus erreicht werden.

ONLINESHOP
AUFGABE G.20

In einem Onlineshop wird der Bestellprozess modelliert. Dazu werden geeignete Datenstrukturen benötigt. Im ersten Schritt werden aus der realen Welt **Bestellung** und **Artikel** abgebildet.

Eine **Bestellung** soll eine Bestellnummer haben und mehrere (bis maximal 50) Artikel enthalten können. Ein **Artikel** besteht aus Artikelnummer und Artikelname.

a) Schreiben Sie eine oder mehrere Klassen, die die obige Beschreibung abbilden.

b) Schreiben Sie Getter und Setter für das Attribut **Artikel**.

c) Schreiben Sie eine Methode **einfuegen**, die es erlaubt, einen Artikel zu den bereits bestehenden Artikeln einer Bestellung hinzuzufügen.

d) Bezogen auf die Aufgabenstellung: Welche Vor- und Nachteile haben Sie, wenn Sie ein Array verwenden? Welche Vor- und Nachteile, wenn Sie eine Liste verwenden?

e) Schreiben Sie eine Klasse **Kunde**, die folgenden Sachverhalt abbildet: Ein **Kunde** kann mehrere **Bestellungen** haben (wiederum maximal 50). Weiterhin soll ein **Kunde** eine Methode bieten, über die anhand eines übergebenen **Artikelnamens** die erste Bestellung des Kunden zurückgegeben werden soll, in der ein **Artikel** mit dem übergebenen Namen auftaucht. Wenn der Artikelname in keiner Bestellung des Kunden auftaucht, soll **null** zurückgegeben werden.

SPACE INVADERS
AUFGABE G.21

Sie möchten ein Space Invaders Spiel programmieren. Schreiben Sie eine Klasse **SpaceInvaders**, die folgende Teilaufgaben umsetzt:

a) Beim Starten des Spiels soll das Spielfeld (8 Spalten breit; siehe Beispiel) wie folgt initialisiert werden:

- Die obere Reihe soll komplett mit bösen Space Aliens – repräsentiert durch den Buchstaben **o** – gefüllt sein.

- Danach sollen drei Reihen mit Leerzeichen gefüllt werden.

- In der untersten Reihe soll auf einem zufälligen Feld ein Raumschiff – repräsentiert durch den Buchstaben **V** – platziert werden. Verwenden Sie dazu die Methode **Math.random**. Die anderen Felder sollen mit Leerzeichen gefüllt werden.

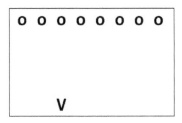

b) Ergänzen Sie die Klasse, um eine Methode **bewege**, die einen einzelnen Buchstaben übergeben bekommt.

- Wenn der Buchstabe **a** übergeben wird, soll das Raumschiff auf dem Spielfeld ein Feld nach links bewegt werden.

- Wenn der Buchstabe **d** übergeben wird, soll das Raumschiff auf dem Spielfeld ein Feld nach rechts bewegt werden.

- Wenn ein anderer Buchstabe übergeben wird, soll die Methode nichts machen.

Das Raumschiff soll nicht über den linken oder rechten Rand hinausbewegt werden können.

c) Überschreiben Sie die Methode **toString** so, dass sie das aktuelle Spielfeld in die in der in Teilaufgabe a) gezeigte Repräsentation überführt.

d) Schreiben Sie eine **main**-Methode, die das Spiel erstellt und startet. Der Benutzer soll wiederholt Buchstaben eingeben können. Nach jeder Eingabe soll das aktuelle Spielfeld ausgegeben werden. Wenn der Nutzer **x** eingibt, soll das Programm beendet werden.

Euro in Cents
Aufgabe G.22

In einem Onlineshop werden die Produktpreise in Cents gespeichert. Dazu ist es notwendig Preise, die als String in Euro-Cent-Schreibweise vorliegen (bspw. 1,99) in Preise in Cent-Schreibweise (199) umzuwandeln.

Schreiben Sie eine Methode **wandleUmInCents**, die

- im ersten Schritt mit Hilfe der **replace**-Methode der Klasse String aus einem an die Methode übergebenen Preis das Komma entfernt,

- im zweiten Schritt den resultierenden String in ein **char**-Array umwandelt, die führenden Nullen - falls vorhanden - entfernt und das Ergebnis als neues **char**-Array zurückgibt.

Beispiele:

```
wandleUmInCents("1,99"); -> 199
wandleUmInCents("0,99"); -> 99
wandleUmInCents("0,90"); -> 90
wandleUmInCents("0,09"); -> 9
```

DANKSAGUNG

Ich möchte mich bei meinem leider mittlerweile im Ruhestand befindlichen Kollegen Wolfgang Rauch für die langjährige Zusammenarbeit vielmals bedanken.

Mein Dank geht auch an Thorsten Heinzl für das Korrekturlesen des Buches.

ÜBER DEN AUTOR

Steffen Heinzl

Prof. Dr. Steffen Heinzl unterrichtet an der Hochschule für angewandte Wissenschaften Würzburg-Schweinfurt (FHWS) in den Bereichen Programmieren und Verteilte Systeme. Er studierte Angewandte
Informatik an der (Fach-)Hochschule Fulda. Nach seiner Promotion
und Tätigkeit als wissenschaftlicher Mitarbeiter in der Distributed Sys-
tems Group der Philipps-Universität Marburg bei Prof. Dr. Freisleben
war er als Service Science Champion, Forscher und Entwickler bei der
SAP AG und als IT-Architekt bei der T-Systems International GmbH tä-
tig.

BÜCHER
VON DIESEM AUTOR

Middleware in Java

von S. Heinzl, M. Mathes erschienen bei Vieweg+Teubner, ISBN 3-528-05912-5, 2005

Policies for Web Services

von S. Heinzl erschienen bei Südwestdeutscher Verlag für Hochschulschriften, ISBN 3-838-11446-9, 2010

Handbook of Service Description: USDL and Its Methods

von A. Barros, D. Oberle (Herausgeber) erschienen bei Springer, ISBN: 978-1-4614-1863-4, 2012

www.ingramcontent.com/pod-product-compliance
Lightning Source LLC
La Vergne TN
LVHW051246050326
832903LV00028B/2594